PRESENTADO A:

....

POR:

....

FECHA:

....

PROMESAS DE DIOS PARA CADA DÍA

JACK COUNTRYMAN

ORIGEN

Penguin
Random House
Grupo Editorial

Título original: *God's Promises for Every Day*
By Jack Countryman

Publicado por acuerdo con Thomas Nelson,
una división de HarperCollins Christian Publishing Inc.

Primera edición: junio de 2019

© 1996 by Word, Incorporated
© 2022, Penguin Random House Grupo Editorial USA, LLC.,
8950 SW 74th Court, Suite 2010
Miami, FL 33156

Todas las citas bíblicas han sido tomadas de
Reina Valera Contemporánea. © 2009, 2011 by Sociedades Bíblicas Unidas
Reina-Valera 1960. © Sociedades Bíblicas en América Latina, 1960.
Renovado © Sociedades Bíblicas Unidas, 1988.
La Santa Biblia, Nueva Traducción Viviente, © Tyndale House Foundation, 2010.
Todos los derechos reservados.

Diseño de cubierta: Víctor Blanco
Foto: Rushvol/Shutterstock.com

ISBN: 978-1-949061-56-7

Impreso en Colombia – *Printed in Colombia*

22 23 24 25   10 9 8 7 6 5 4 3 2

ÍNDICE

. . . .

Qué puedes hacer para

El plan de salvación de Dios

JESÚS

es tu...

Jesús es tu...
SALVADOR

(...) él nos salvó, no por las acciones justas que nosotros habíamos hecho, sino por su misericordia. Nos lavó, quitando nuestros pecados, y nos dio un nuevo nacimiento y vida nueva por medio del Espíritu Santo. Él derramó su Espíritu sobre nosotros en abundancia por medio de Jesucristo nuestro Salvador.

Tito 3:5-6, NTV

Además, hemos visto con nuestros propios ojos y ahora damos testimonio de que el Padre envió a su Hijo para que fuera el Salvador del mundo.

1 Juan 4:14, NTV

Mi alma glorifica al Señor, y mi espíritu se regocija en Dios mi Salvador.

Lucas 1:46-47, RVC

Pero Dios es tan rico en misericordia y nos amó tanto que, a pesar de que estábamos muertos por causa de nuestros pecados, nos dio vida cuando levantó a Cristo de los muertos. (¡Es solo por la gracia de Dios que ustedes han sido salvados!)

Efesios 2:4-5, NTV

Porque el Hijo del Hombre vino a buscar y a salvar lo que se había perdido.

Lucas 19:10, RVC

Porque de tal manera amó Dios al mundo, que ha dado a su Hijo unigénito, para que todo aquel que en él cree, no se pierda, mas tenga vida eterna.

Juan 3:16, RV60

La justicia de Dios, por medio de la fe en Jesucristo, es para todos los que creen en él. Pues no hay diferencia alguna, por cuanto todos pecaron y están destituidos de la gloria de Dios; pero son justificados gratuitamente por su gracia, mediante la redención que proveyó Cristo Jesús.

Romanos 3:22-24, RVC

De cierto, de cierto les digo: El que cree en mí, tiene vida eterna.

Juan 6:47, RVC

Pero él los salvó por amor de su nombre, para hacer notorio su poder.

Salmo 106:8, RV60

Dios los salvó por su gracia cuando creyeron. Ustedes no tienen ningún mérito en eso; es un regalo de Dios. La salvación no es un premio por las cosas buenas que hayamos hecho, así que ninguno de nosotros puede jactarse de ser salvo.

Efesios 2:8-9, NTV

Si confiesas con tu boca que Jesús es el Señor, y crees en tu corazón que Dios lo levantó de los muertos, serás salvo.

Romanos 10:9, RVC

De modo que si alguno está en Cristo, nueva criatura es; las cosas viejas pasaron; he aquí todas son hechas nuevas.

2 Corintios 5:17, RV60

Con las fuerzas que Dios te da prepárate para sufrir conmigo a causa de la Buena Noticia. Pues Dios nos salvó y nos llamó para vivir una vida santa. No lo hizo porque lo mereciéramos, sino porque ese era su plan desde antes del comienzo del tiempo, para mostrarnos su gracia por medio de Cristo Jesús.

2 Timoteo 1:8-9, NTV

Jesús es tu...
SEÑOR

Por lo cual Dios también le exaltó hasta lo sumo, y le dio un nombre que es sobre todo nombre, para que en el nombre de Jesús se doble toda rodilla de los que están en los cielos, y en la tierra, y debajo de la tierra; y toda lengua confiese que Jesucristo es el Señor, para gloria de Dios Padre.

FILIPENSES 2:9-11, RV60

Así que, ¿por qué siguen llamándome «¡Señor, Señor!» cuando no hacen lo que digo?

LUCAS 6:46, NTV

"Si confiesas con tu boca que Jesús es el Señor, y crees en tu corazón que Dios lo levantó de los muertos, serás salvo". Porque con el corazón se cree para alcanzar la justicia, pero con la boca se confiesa para alcanzar la salvación.

ROMANOS 10:9-10, RVC

Tampoco presenten sus miembros al pecado como instrumentos de iniquidad, sino preséntense ustedes mismos a Dios como vivos de entre los muertos, y presenten sus miembros a Dios como instrumentos de justicia. El pecado ya no tendrá poder sobre ustedes, pues ya no están bajo la ley sino bajo la gracia. ¿Entonces, qué? ¿Pecaremos porque no estamos bajo la ley sino bajo la gracia? ¡De ninguna manera! ¿Acaso no saben ustedes que, si se someten a alguien para obedecerlo como esclavos, se hacen esclavos de aquel a quien obedecen, ya sea del pecado que lleva a la muerte, o de la obediencia que lleva a la justicia?

ROMANOS 6:13-16, RVC

Por lo tanto, amados hermanos, les ruego que entreguen su cuerpo a Dios por todo lo que él ha hecho a favor de ustedes. Que sea un sacrificio vivo y santo, la clase de sacrificio que a él le agrada. Esa es la verdadera forma de adorarlo. No imiten las conductas ni las costumbres de este mundo, más bien dejen que Dios los transforme en personas nuevas al cambiarles la manera de pensar. Entonces aprenderán a conocer la voluntad de Dios para ustedes, la cual es buena, agradable y perfecta.

ROMANOS 12:1-2, NTV

¿Acaso ignoran que el cuerpo de ustedes es templo del Espíritu Santo, que está en ustedes, y que recibieron de parte de Dios, y que ustedes no son dueños de sí mismos? Porque ustedes han sido comprados; el precio de ustedes ya ha sido pagado. Por lo tanto, den gloria a Dios en su cuerpo y en su espíritu, los cuales son de Dios.

1 CORINTIOS 6:19-20, RVC

Sépalo bien todo el pueblo de Israel, que a este Jesús, a quien ustedes crucificaron, Dios lo ha hecho Señor y Cristo.

HECHOS 2:36, RVC

Pues si vivimos, para el Señor vivimos; y si morimos, para el Señor morimos. Así pues, sea que vivamos, o que muramos, del Señor somos.

ROMANOS 14:8, RV60

Bendito el Señor; cada día nos colma de beneficios el Dios de nuestra salvación.

SALMO 68:19, RV60

En cuanto a mí, ¡qué bueno es estar cerca de Dios! Hice al Señor Soberano mi refugio, y a todos les contaré las maravillas que haces.

SALMO 73:28, NTV

Porque tú, Señor, eres bueno y perdonador, y grande en misericordia para con todos los que te invocan.

SALMO 86:5, RV60

Dios el Señor me ayudará, así que no me avergonzaré. Por eso endurecí mi rostro como piedra, pues bien sé que no seré avergonzado.

ISAÍAS 50:7, RVC

Y amarás al Señor tu Dios con todo tu corazón, y con toda tu alma, y con toda tu mente y con todas tus fuerzas. Este es el principal mandamiento.

MARCOS 12:30, RV60

Jesús es tu...
AMOR

Mas Dios muestra su amor para con nosotros, en que siendo aún pecadores, Cristo murió por nosotros.

ROMANOS 5:8, RV60

Porque de tal manera amó Dios al mundo, que ha dado a su Hijo unigénito, para que todo aquel que en él cree, no se pierda, mas tenga vida eterna.

JUAN 3:16, RV60

(...) para que por la fe Cristo habite en sus corazones, y para que, arraigados y cimentados en amor, sean ustedes plenamente capaces de comprender, con todos los santos, cuál es la anchura, la longitud, la profundidad y la altura del amor de Cristo; en fin, que conozcan ese amor, que excede a todo conocimiento, para que sean llenos de toda la plenitud de Dios.

EFESIOS 3:17-19, RVC

Yo amo a los que me aman, y me hallan los que temprano me buscan.

PROVERBIOS 8:17, RV60

Queridos amigos, sigamos amándonos unos a otros, porque el amor viene de Dios. Todo el que ama es un hijo de Dios y conoce a Dios; pero el que no ama no conoce a Dios, porque Dios es amor. Dios mostró cuánto nos ama al enviar a su único Hijo al mundo, para que tengamos vida eterna por medio de él. En esto consiste el amor verdadero: no en que nosotros hayamos amado a Dios, sino en que él nos amó a nosotros y envió a su Hijo como sacrificio para quitar nuestros pecados. Queridos amigos, ya que Dios nos amó tanto, sin duda nosotros también debemos amarnos unos a otros. Nadie jamás ha visto a Dios; pero si nos amamos unos a otros, Dios vive en nosotros y su amor llega a la máxima expresión en nosotros.

1 Juan 4:7-12, NTV

Y nosotros hemos conocido y creído el amor que Dios tiene para con nosotros. Dios es amor; y el que permanece en amor, permanece en Dios, y Dios en él. Nosotros le amamos a él, porque él nos amó primero.

1 Juan 4:16,19, RV60

Hace ya mucho tiempo, el Señor se hizo presente y me dijo: «Yo te amo con amor eterno. Por eso te he prolongado mi misericordia».

Jeremías 31:3, RVC

Te haré mi esposa para siempre, mostrándote rectitud y justicia, amor inagotable y compasión.

Oseas 2:19, NTV

Yo los he amado a ustedes tanto como el Padre me ha amado a mí. Permanezcan en mi amor. Cuando obedecen mis mandamientos, permanecen en mi amor, así como yo obedezco los mandamientos de mi Padre y permanezco en su amor. Les he dicho estas cosas para que se llenen de mi gozo; así es, desbordarán de gozo. Este es mi mandamiento: ámense unos a otros de la misma manera en que yo los he amado. No hay un amor más grande que el dar la vida por los amigos. Este es mi mandato: ámense unos a otros.

JUAN 15:9-13,17, NTV

Pero cada día el Señor derrama su amor inagotable sobre mí, y todas las noches entono sus cánticos y oro a Dios, quien me da vida.

SALMO 42:8, NTV

Y ahora permanecen la fe, la esperanza y el amor, estos tres; pero el mayor de ellos es el amor.

1 CORINTIOS 13:13, RV60

Y estoy convencido de que nada podrá jamás separarnos del amor de Dios. Ni la muerte ni la vida, ni ángeles ni demonios, ni nuestros temores de hoy ni nuestras preocupaciones de mañana. Ni siquiera los poderes del infierno pueden separarnos del amor de Dios. Ningún poder en las alturas ni en las profundidades, de hecho, nada en toda la creación podrá jamás separarnos del amor de Dios, que está revelado en Cristo Jesús nuestro Señor.

ROMANOS 8:38-39, NTV

Jesús es tu...

PAZ

¡Tú guardarás en perfecta paz a todos los que confían en ti; a todos los que concentran en ti sus pensamientos!

ISAÍAS 26:3, NTV

Pero ahora, en Cristo Jesús, ustedes, que en otro tiempo estaban lejos, han sido acercados por la sangre de Cristo. Porque él es nuestra paz. De dos pueblos hizo uno solo, al derribar la pared intermedia de separación.

EFESIOS 2:13-14, RVC

Tú, Señor, nos harás vivir en paz, porque tú nos has ayudado a realizar todas nuestras obras.

ISAÍAS 26:12, RVC

En paz me acostaré, y asimismo dormiré; porque solo tú, Jehová, me haces vivir confiado.

SALMO 4:8, RV60

No dejen de poner en práctica todo lo que aprendieron y recibieron de mí, todo lo que oyeron de mis labios y vieron que hice. Entonces el Dios de paz estará con ustedes.

FILIPENSES 4:9, NTV

Porque un niño nos es nacido, hijo nos es dado, y el principado sobre su hombro; y se llamará su nombre Admirable, Consejero, Dios Fuerte, Padre Eterno, Príncipe de Paz. Lo dilatado de su imperio y la paz no tendrán límite, sobre el trono de David y sobre su reino, disponiéndolo y confirmándolo en juicio y en justicia desde ahora y para siempre. El celo de Jehová de los ejércitos hará esto.

ISAÍAS 9:6-7, RV60

Muy pronto el Dios de paz aplastará a Satanás bajo los pies de ustedes. Que la gracia de nuestro Señor Jesucristo sea con ustedes.

ROMANOS 16:20, RVC

Por lo tanto, ya que fuimos declarados justos a los ojos de Dios por medio de la fe, tenemos paz con Dios gracias a lo que Jesucristo nuestro Señor hizo por nosotros.

ROMANOS 5:1, NTV

Que en el corazón de ustedes gobierne la paz de Cristo, a la cual fueron llamados en un solo cuerpo. Y sean agradecidos.

COLOSENSES 3:15, RVC

El Señor le da fuerza a su pueblo; el Señor lo bendice con paz.

SALMO 29:11, NTV

La paz les dejo, mi paz les doy; yo no la doy como el mundo la da. No dejen que su corazón se turbe y tenga miedo.

JUAN 14:27, RVC

No se preocupen por nada; en cambio, oren por todo. Díganle a Dios lo que necesitan y denle gracias por todo lo que él ha hecho. Así experimentarán la paz de Dios, que supera todo lo que podemos entender. La paz de Dios cuidará su corazón y su mente mientras vivan en Cristo Jesús.

FILIPENSES 4:6-7, NTV

Jesús es tu...
PERDÓN

Dios decidió de antemano adoptarnos como miembros de su familia al acercarnos a sí mismo por medio de Jesucristo. Eso es precisamente lo que él quería hacer, y le dio gran gusto hacerlo. De manera que alabamos a Dios por la abundante gracia que derramó sobre nosotros, los que pertenecemos a su Hijo amado. Dios es tan rico en gracia y bondad que compró nuestra libertad con la sangre de su Hijo y perdonó nuestros pecados.

EFESIOS 1:5-7, NTV

Perdonaste la iniquidad de tu pueblo; todos los pecados de ellos cubriste.

SALMO 85:2, RV60

De modo que si alguno está en Cristo, nueva criatura es; las cosas viejas pasaron; he aquí todas son hechas nuevas.

2 CORINTIOS 5:17, RV60

Si confesamos nuestros pecados, él es fiel y justo para perdonar nuestros pecados, y limpiarnos de toda maldad.

1 JUAN 1:9, RV60

Mis queridos hijos, les escribo estas cosas, para que no pequen; pero si alguno peca, tenemos un abogado que defiende nuestro caso ante el Padre. Es Jesucristo, el que es verdaderamente justo.

1 JUAN 2:1, NTV

Yo, y nadie más, soy el que borra tus rebeliones, porque así soy yo, y no volveré a acordarme de tus pecados.

ISAÍAS 43:25, RVC

Perdonaré sus maldades y nunca más me acordaré de sus pecados.

HEBREOS 8:12, NTV

Deje el impío su camino, y el hombre inicuo sus pensamientos, y vuélvase a Jehová, el cual tendrá de él misericordia, y al Dios nuestro, el cual será amplio en perdonar.

ISAÍAS 55:7, RV60

Sean mutuamente tolerantes. Si alguno tiene una queja contra otro, perdónense de la misma manera que Cristo los perdonó.

COLOSENSES 3:13, RVC

Cuando estén orando, primero perdonen a todo aquel contra quien guarden rencor, para que su Padre que está en el cielo también les perdone a ustedes sus pecados.

MARCOS 11:25, NTV

Tan lejos como está el oriente del occidente, alejó de nosotros nuestras rebeliones.

Antes, ustedes estaban muertos en sus pecados; aún no se habían despojado de su naturaleza pecaminosa. Pero ahora, Dios les ha dado vida juntamente con él, y les ha perdonado todos sus pecados.

Y los limpiaré de toda su maldad con que pecaron contra mí; y perdonaré todos sus pecados con que contra mí pecaron, y con que contra mí se rebelaron.

Vengan ahora. Vamos a resolver este asunto —dice el Señor—. Aunque sus pecados sean como la escarlata, yo los haré tan blancos como la nieve. Aunque sean rojos como el carmesí, yo los haré tan blancos como la lana.

Bienaventurado aquel cuya transgresión ha sido perdonada, y cubierto su pecado. Bienaventurado el hombre a quien Jehová no culpa de iniquidad, y en cuyo espíritu no hay engaño.

Jesús es tu...
JUSTICIA

Al que no conoció pecado, por nosotros lo hizo pecado, para que nosotros fuésemos hechos justicia de Dios en él.

2 Corintios 5:21, RV60

Pero gracias a Dios ustedes ahora son de Cristo Jesús, a quien Dios ha constituido como nuestra sabiduría, nuestra justificación, nuestra santificación y nuestra redención.

1 Corintios 1:30, RVC

Y ciertamente, aun estimo todas las cosas como pérdida por la excelencia del conocimiento de Cristo Jesús, mi Señor, por amor del cual lo he perdido todo, y lo tengo por basura, para ganar a Cristo, y ser hallado en él, no teniendo mi propia justicia, que es por la ley, sino la que es por la fe de Cristo, la justicia que es de Dios por la fe.

Filipenses 3:8-9, RV60

Del mismo modo, «Abraham le creyó a Dios, y Dios lo consideró justo debido a su fe». Así que los verdaderos hijos de Abraham son los que ponen su fe en Dios.

Gálatas 3:6-7, NTV

La justicia de Dios, por medio de la fe en Jesucristo, es para todos los que creen en él.

Romanos 3:22, RVC

Pues todos hemos pecado; nadie puede alcanzar la meta gloriosa establecida por Dios. Sin embargo, Dios nos declara justos gratuita y bondadosamente por medio de Cristo Jesús, quien nos liberó del castigo de nuestros pecados. Pues Dios ofreció a Jesús como el sacrificio por el pecado. Las personas son declaradas justas a los ojos de Dios cuando creen que Jesús sacrificó su vida al derramar su sangre. Ese sacrificio muestra que Dios actuó con justicia cuando se contuvo y no castigó a los que pecaron en el pasado, porque miraba hacia el futuro y de ese modo los incluiría en lo que llevaría a cabo en el tiempo presente. Dios hizo todo eso para demostrar su justicia, porque él mismo es justo e imparcial, y declara a los pecadores justos a sus ojos cuando ellos creen en Jesús.

Romanos 3:23-26, NTV

(...) pero al que no trabaja, sino que cree en aquel que justifica al pecador, su fe se le toma en cuenta como justicia.

Romanos 4:5, RVC

Pues si por la transgresión de uno solo reinó la muerte, mucho más reinarán en vida por uno solo, Jesucristo, los que reciben la abundancia de la gracia y del don de la justicia.

Romanos 5:17, RV60

Pero cuando se manifestó la bondad de Dios nuestro Salvador, y su amor para con los hombres, nos salvó, no por obras de justicia que nosotros hubiéramos hecho, sino por su misericordia, por el lavamiento de la regeneración y por la renovación en el Espíritu Santo.

Tito 3:4-5, RV60

Porque lo que era imposible para la ley, por cuanto era débil por la carne, Dios, enviando a su Hijo en semejanza de carne de pecado y a causa del pecado, condenó al pecado en la carne; para que la justicia de la ley se cumpliese en nosotros, que no andamos conforme a la carne, sino conforme al Espíritu.

Romanos 8:3-4, RV60

¿Qué, pues, diremos? Que los gentiles, que no iban tras la justicia, han alcanzado la justicia, es decir, la justicia que es por fe.

Romanos 9:30, RV60

Y Cristo vive en ustedes; entonces, aunque el cuerpo morirá por causa del pecado, el Espíritu les da vida, porque ustedes ya fueron declarados justos a los ojos de Dios.

Romanos 8:10, NTV

Porque a los que antes conoció, también los predestinó para que fuesen hechos conformes a la imagen de su Hijo, para que él sea el primogénito entre muchos hermanos. Y a los que predestinó, a éstos también llamó; y a los que llamó, a éstos también justificó; y a los que justificó, a éstos también glorificó.

Romanos 8:29-30, RV60

Porque con el corazón se cree para justicia, pero con la boca se confiesa para salvación.

ROMANOS 10:10, RV60

Tu adorno será la justicia. Y no tendrás nada que temer porque la opresión se alejará de ti, y nunca más se te volverá a acercar. Si alguno conspira contra ti, no será con mi ayuda; el que contra ti conspire, caerá muerto ante tus propios ojos. Yo he creado al herrero, al que atiza las ascuas en el fuego y saca luego la herramienta para hacer su obra; y yo he creado también al destructor, para que destruya. No saldrá victoriosa ninguna arma que se forje contra ti. Y tú condenarás a toda lengua que en el juicio se levante contra ti. Ésta es la herencia de los siervos del Señor. Su salvación viene de mí. Yo, el Señor, lo he dicho.

ISAÍAS 54:14-17, RVC

Jesús es tu...
LIBERTADOR

El Espíritu del Señor Soberano está sobre mí, porque el Señor me ha ungido para llevar buenas noticias a los pobres. Me ha enviado para consolar a los de corazón quebrantado y a proclamar que los cautivos serán liberados y que los prisioneros serán puestos en libertad.

ISAÍAS 61:1, NTV

(...) y conocerán la verdad, y la verdad los hará libres. Así que, si el Hijo los hace libres, ustedes son verdaderamente libres.

JUAN 8:32,36, NTV

Porque la ley del Espíritu de vida en Cristo Jesús me ha librado de la ley del pecado y de la muerte.

ROMANOS 8:2, RV60

Multiplicaste la gente, y aumentaste la alegría. Se alegrarán delante de ti como se alegran en la siega, como se gozan cuando reparten despojos. Porque tú quebraste su pesado yugo, y la vara de su hombro, y el cetro de su opresor, como en el día de Madián.

ISAÍAS 9:3-4, RV60

Porque el Señor es el Espíritu; y donde está el Espíritu del Señor, allí hay libertad.

2 Corintios 3:17, RVC

(...) pero ahora quedaron libres del poder del pecado y se han hecho esclavos de Dios. Ahora hacen las cosas que llevan a la santidad y que dan como resultado la vida eterna.

Romanos 6:22, NTV

El Espíritu del Señor está sobre mí, porque me ha ungido para llevar la Buena Noticia a los pobres. Me ha enviado a proclamar que los cautivos serán liberados, que los ciegos verán, que los oprimidos serán puestos en libertad, y que ha llegado el tiempo del favor del Señor.

Lucas 4:18-19, NTV

Miren que yo les he dado a ustedes poder para aplastar serpientes y escorpiones, y para vencer a todo el poder del enemigo, sin que nada los dañe.

Lucas 10:19, RVC

Y estas señales seguirán a los que creen: En mi nombre echarán fuera demonios; hablarán nuevas lenguas.

Marcos 16:17, RV60

Y ellos le han vencido por medio de la sangre del Cordero y de la palabra del testimonio de ellos, y menospreciaron sus vidas hasta la muerte.

Apocalipsis 12:11, RV60

Amados, no crean a todo espíritu, sino pongan a prueba los espíritus, para ver si son de Dios. Porque muchos falsos profetas han salido por el mundo. Pero ésta es la mejor manera de reconocer el Espíritu de Dios: Todo espíritu que confiesa que Jesucristo ha venido en carne, es de Dios; y todo espíritu que no confiesa a Jesús, no es de Dios. Éste es el espíritu del anticristo, el cual ustedes han oído que viene, y que ya está en el mundo. Hijitos, ustedes son de Dios, y han vencido a esos falsos profetas, porque mayor es el que está en ustedes que el que está en el mundo.

1 JUAN 4:1-4, RVC

Jesús es tu...
COMPAÑERO

Les anunciamos lo que nosotros mismos hemos visto y oído, para que ustedes tengan comunión con nosotros; y nuestra comunión es con el Padre y con su Hijo, Jesucristo.

1 Juan 1:3, NTV

Fiel es Dios, quien los ha llamado a tener comunión con su Hijo Jesucristo, nuestro Señor.

1 Corintios 1:9, RVC

Porque donde dos o tres se reúnen en mi nombre, allí estoy yo, en medio de ellos.

Mateo 18:20, RVC

¡Mira! Yo estoy a la puerta y llamo. Si oyes mi voz y abres la puerta, yo entraré y cenaremos juntos como amigos.

Apocalipsis 3:20, NTV

Respondió Jesús y le dijo: El que me ama, mi palabra guardará; y mi Padre le amará, y vendremos a él, y haremos morada con él.

Juan 14:23, RV60

Canta y alégrate, hija de Sion; porque he aquí vengo, y moraré en medio de ti, ha dicho Jehová.

ZACARÍAS 2:10, RV60

El que tiene mis mandamientos, y los obedece, ése es el que me ama; y el que me ama, será amado por mi Padre, y yo lo amaré, y me manifestaré a él.

JUAN 14:21, RVC

Permanezcan en mí, y yo permaneceré en ustedes. Pues una rama no puede producir fruto si la cortan de la vid, y ustedes tampoco pueden ser fructíferos a menos que permanezcan en mí. Ciertamente, yo soy la vid; ustedes son las ramas. Los que permanecen en mí y yo en ellos producirán mucho fruto porque, separados de mí, no pueden hacer nada. Si ustedes permanecen en mí y mis palabras permanecen en ustedes, pueden pedir lo que quieran, ¡y les será concedido!

JUAN 15:4-5,7, NTV

Por tanto, si hay alguna consolación en Cristo, si algún consuelo de amor, si alguna comunión del Espíritu, si algún afecto entrañable, si alguna misericordia, completen mi gozo sintiendo lo mismo, teniendo el mismo amor, unánimes, sintiendo una misma cosa.

FILIPENSES 2:1-2, RVC

Soy amigo de todo el que te teme, de todo el que obedece tus mandamientos.

SALMO 119:63, NTV

Vivan en amor, como también Cristo nos amó y se entregó a sí mismo por nosotros, como ofrenda y sacrificio a Dios, de aroma fragante. Hablen entre ustedes con salmos, himnos y cánticos espirituales; canten y alaben al Señor con el corazón (...) porque somos miembros de su cuerpo, de su carne y de sus huesos.

Efesios 5:2,19,30, RVC

Éste es el mensaje que hemos oído de él, y que les anunciamos a ustedes: Dios es luz, y en él no hay tiniebla alguna. Si decimos que tenemos comunión con él, y vivimos en tinieblas, estamos mintiendo y no practicamos la verdad. Pero si vivimos en la luz, así como él está en la luz, tenemos comunión unos con otros, y la sangre de Jesús, su Hijo, nos limpia de todo pecado.

1 Juan 1:5-7, RVC

Jesús es tu...
EJEMPLO

Pues Dios los llamó a hacer lo bueno, aunque eso signifique que tengan que sufrir, tal como Cristo sufrió por ustedes. Él es su ejemplo, y deben seguir sus pasos.

1 Pedro 2:21, NTV

El que dice que permanece en él, debe andar como él anduvo.

1 Juan 2:6, RV60

Que haya en ustedes el mismo sentir que hubo en Cristo Jesús, quien, siendo en forma de Dios, no estimó el ser igual a Dios como cosa a que aferrarse, sino que se despojó a sí mismo y tomó forma de siervo, y se hizo semejante a los hombres; y estando en la condición de hombre, se humilló a sí mismo y se hizo obediente hasta la muerte, y muerte de cruz.

Filipenses 2:5-8, RVC

Por tanto, imiten a Dios, como hijos amados. Vivan en amor, como también Cristo nos amó y se entregó a sí mismo por nosotros, como ofrenda y sacrificio a Dios, de aroma fragante.

Efesios 5:1-2, RVC

Pero entre ustedes será diferente. El que quiera ser líder entre ustedes deberá ser sirviente, y el que quiera ser el primero entre ustedes deberá ser esclavo de los demás. Pues ni aun el Hijo del Hombre vino para que le sirvan, sino para servir a otros y para dar su vida en rescate por muchos.

MARCOS 10:43-45, NTV

Y, dado que yo, su Señor y Maestro, les he lavado los pies, ustedes deben lavarse los pies unos a otros. Les di mi ejemplo para que lo sigan. Hagan lo mismo que yo he hecho con ustedes.

JUAN 13:14-15, NTV

Un mandamiento nuevo les doy: Que se amen unos a otros. Así como yo los he amado, ámense también ustedes unos a otros.

JUAN 13:34, RVC

En esto hemos conocido el amor, en que él puso su vida por nosotros; también nosotros debemos poner nuestras vidas por los hermanos.

1 JUAN 3:16, RV60

Sean mutuamente tolerantes. Si alguno tiene una queja contra otro, perdónense de la misma manera que Cristo los perdonó.

COLOSENSES 3:13, RVC

Que Dios, quien da esa paciencia y ese ánimo, los ayude a vivir en plena armonía unos con otros, como corresponde a los seguidores de Cristo Jesús. Entonces todos ustedes podrán unirse en una sola voz para dar alabanza y gloria a Dios, el Padre de nuestro Señor Jesucristo. Por lo tanto, acéptense unos a otros, tal como Cristo los aceptó a ustedes, para que Dios reciba la gloria.

ROMANOS 15:5-7, NTV

(...) puestos los ojos en Jesús, el autor y consumador de la fe, el cual por el gozo puesto delante de él sufrió la cruz, menospreciando el oprobio, y se sentó a la diestra del trono de Dios. Considerad a aquel que sufrió tal contradicción de pecadores contra sí mismo, para que vuestro ánimo no se canse hasta desmayar.

HEBREOS 12:2-3, RV60

Jesús es tu...
AMIGO

Soy amigo de todo el que te teme, de todo el que obedece tus mandamientos.

SALMO 119:68, NTV

Hay amigos que no son amigos, y hay amigos que son más que hermanos.

PROVERBIOS 18:24, RVC

No amen el dinero; estén contentos con lo que tienen, pues Dios ha dicho: «Nunca te fallaré. Jamás te abandonaré».

HEBREOS 13:5, NTV

Ya no los llamaré siervos, porque el siervo no sabe lo que hace su señor; yo los he llamado amigos, porque todas las cosas que oí de mi Padre, se las he dado a conocer a ustedes. Ustedes no me eligieron a mí. Más bien, yo los elegí a ustedes, y los he puesto para que vayan y lleven fruto, y su fruto permanezca; para que todo lo que pidan al Padre en mi nombre, él se lo conceda.

JUAN 15:15-16, RVC

Si vivimos en la luz, así como Dios está en la luz, entonces tenemos comunión unos con otros, y la sangre de Jesús, su Hijo, nos limpia de todo pecado.

1 Juan 1:7, NTV

Porque los montes se moverán, y los collados temblarán, pero no se apartará de ti mi misericordia, ni el pacto de mi paz se quebrantará, dijo Jehová, el que tiene misericordia de ti.

Isaías 54:10, RV60

¡Mira! Yo estoy a la puerta y llamo. Si oyes mi voz y abres la puerta, yo entraré y cenaremos juntos como amigos.

Apocalipsis 3:20, NTV

Acérquense a Dios, y Dios se acercará a ustedes. Lávense las manos, pecadores; purifiquen su corazón, porque su lealtad está dividida entre Dios y el mundo.

Santiago 4:8, NTV

Aunque mi padre y mi madre me dejaran, con todo, Jehová me recogerá.

Salmo 27:10, RV60

Este es mi mandamiento: ámense unos a otros de la misma manera en que yo los he amado. No hay un amor más grande que el dar la vida por los amigos. Ustedes son mis amigos si hacen lo que yo les mando.

Juan 15:12-14, NTV

Fiel es Dios, quien los ha llamado a tener comunión con su Hijo Jesucristo, nuestro Señor.

1 Corintios 1:9, RVC

Les anunciamos lo que nosotros mismos hemos visto y oído, para que ustedes tengan comunión con nosotros; y nuestra comunión es con el Padre y con su Hijo, Jesucristo.

1 Juan 1:3, NTV

No los abandonaré como a huérfanos; vendré a ustedes.

Juan 14:18, NTV

Jesús es tu...
HERMANO

Porque todo aquel que hace la voluntad de mi Padre que está en los cielos, ése es mi hermano, y hermana, y madre.

MATEO 12:50, RV60

Porque el que santifica y los que son santificados, de uno son todos; por lo cual no se avergüenza de llamarlos hermanos.

HEBREOS 2:11, RV60

Porque a los que antes conoció, también los predestinó para que fuesen hechos conformes a la imagen de su Hijo, para que él sea el primogénito entre muchos hermanos.

ROMANOS 8:29, RV60

Pues todos ustedes son hijos de Dios por la fe en Cristo Jesús. Y todos los que fueron unidos a Cristo en el bautismo se han puesto a Cristo como si se pusieran ropa nueva.

GÁLATAS 3:26-27, NTV

Mas a todos los que le recibieron, a los que creen en su nombre, les dio potestad de ser hechos hijos de Dios.

JUAN 1:12, RV60

Por lo tanto, ustedes ya no son extranjeros ni advenedizos, sino conciudadanos de los santos y miembros de la familia de Dios.

EFESIOS 2:19, RVC

Porque todos los que son guiados por el Espíritu de Dios, éstos son hijos de Dios.

ROMANOS 8:14, RV60

Mirad cuál amor nos ha dado el Padre, para que seamos llamados hijos de Dios; por esto el mundo no nos conoce, porque no le conoció a él.

1 JUAN 3:1, RV60

(...) y debido a que somos sus hijos, Dios envió al Espíritu de su Hijo a nuestro corazón, el cual nos impulsa a exclamar «Abba, Padre». Ahora ya no eres un esclavo sino un hijo de Dios, y como eres su hijo, Dios te ha hecho su heredero.

GÁLATAS 4:6-7, NTV

Amados, ahora somos hijos de Dios, y aún no se ha manifestado lo que hemos de ser; pero sabemos que cuando él se manifieste, seremos semejantes a él, porque le veremos tal como él es.

1 JUAN 3:2, RV60

Jesús es tu...
PROTECTOR

Cuando pases por las aguas, yo estaré contigo; y si por los ríos, no te anegarán. Cuando pases por el fuego, no te quemarás, ni la llama arderá en ti.

ISAÍAS 43:2, RV60

Pero tú, oh Señor, eres un escudo que me rodea; eres mi gloria, el que sostiene mi cabeza en alto.

SALMO 3:3, NTV

Pero el Señor es fiel, y él los fortalecerá y guardará del mal.

2 TESALONICENSES 3:3, RVC

Porque los ojos de Jehová contemplan toda la tierra, para mostrar su poder a favor de los que tienen corazón perfecto para con él.

2 CRÓNICAS 16:9, RV60

El Señor su Dios va delante de ustedes, y él peleará por ustedes, como antes vieron que lo hizo por ustedes en Egipto.

DEUTERONOMIO 1:30, RVC

Pero si en verdad escuchas su voz y haces todo lo que yo te diga, seré enemigo de tus enemigos y afligiré a los que te aflijan.

ÉXODO 23:22, RVC

Él guarda los pies de sus santos, mas los impíos perecen en tinieblas; porque nadie será fuerte por su propia fuerza.

1 SAMUEL 2:9, RV60

Porque tú has sido mi refugio, y torre fuerte delante del enemigo.

SALMO 61:3, RV60

Pues el Señor tu Dios vive en medio de ti. Él es un poderoso salvador. Se deleitará en ti con alegría. Con su amor calmará todos tus temores. Se gozará por ti con cantos de alegría.

SOFONÍAS 3:17, NTV

Porque los ojos del Señor están sobre los justos, y sus oídos atentos a sus oraciones; pero el rostro del Señor está contra aquellos que hacen el mal.

1 PEDRO 3:12-13, RV60

El Dios eterno es tu refugio; aquí en la tierra siempre te apoya. Delante de ti desalojó al enemigo, y te ordenó que lo destruyeras.

DEUTERONOMIO 33:27, RVC

Caerán a tu lado mil, y diez mil a tu diestra; mas a ti no llegará.

SALMO 91:7, RV60

Jesús es tu...
SEGURIDAD

Que toda la alabanza sea para Dios, el Padre de nuestro Señor Jesucristo. Es por su gran misericordia que hemos nacido de nuevo, porque Dios levantó a Jesucristo de los muertos. Ahora vivimos con gran expectación y tenemos una herencia que no tiene precio, una herencia que está reservada en el cielo para ustedes, pura y sin mancha, que no puede cambiar ni deteriorarse. Por la fe que tienen, Dios los protege con su poder hasta que reciban esta salvación, la cual está lista para ser revelada en el día final, a fin de que todos la vean.

1 Pedro 1:3-5, NTV

Mis ovejas oyen mi voz, y yo las conozco, y me siguen, y yo les doy vida eterna; y no perecerán jamás, ni nadie las arrebatará de mi mano. Mi Padre que me las dio, es mayor que todos, y nadie las puede arrebatar de la mano de mi Padre. Yo y el Padre uno somos.

Juan 10:27-30, RV60

¿Quién nos separará del amor de Cristo? ¿Tribulación, o angustia, o persecución, o hambre, o desnudez, o peligro, o espada? Por lo cual estoy seguro de que ni la muerte, ni la vida, ni ángeles, ni principados, ni potestades, ni lo presente, ni lo por venir, ni lo alto, ni lo profundo, ni ninguna otra cosa creada nos podrá separar del amor de Dios, que es en Cristo Jesús Señor nuestro.

ROMANOS 8:35, 38-39, RV60

Estoy persuadido de que el que comenzó en ustedes la buena obra, la perfeccionará hasta el día de Jesucristo.

FILIPENSES 1:6, RVC

Pero el Señor es fiel, y él los fortalecerá y guardará del mal.

2 TESALONICENSES 3:3, RVC

Todo lo que el Padre me da, vendrá a mí; y al que a mí viene, no le echo fuera.

JUAN 6:37, RV60

Y ahora, que toda la gloria sea para Dios, quien es poderoso para evitar que caigan, y para llevarlos sin mancha y con gran alegría a su gloriosa presencia. Que toda la gloria sea para él, quien es el único Dios, nuestro Salvador por medio de Jesucristo nuestro Señor. ¡Toda la gloria, la majestad, el poder y la autoridad le pertenecen a él desde antes de todos los tiempos, en el presente y por toda la eternidad! Amén.

JUDAS 24-25, NTV

Ciertamente el bien y la misericordia me seguirán todos los días de mi vida, y en la casa de Jehová moraré por largos días.

SALMO 23:6, RV60

¡Levanten los ojos al cielo, y miren quién creó estas cosas! Él saca y cuenta su ejército de estrellas; a todas las llama por su nombre, y ninguna de ellas falta; ¡tan grande es su poder, tan poderoso su dominio!

Isaías 40:26, RVC

No se preocupen tanto por las cosas que se echan a perder, tal como la comida. Pongan su energía en buscar la vida eterna que puede darles el Hijo del Hombre. Pues Dios Padre me ha dado su sello de aprobación.

Juan 6:27, NTV

(...) y es Dios el que también nos ha marcado con su sello, y el que, como garantía, ha puesto al Espíritu en nuestros corazones.

2 Corintios 1:22, RVC

También ustedes, luego de haber oído la palabra de verdad, que es el evangelio que los lleva a la salvación, y luego de haber creído en él, fueron sellados con el Espíritu Santo de la promesa, que es la garantía de nuestra herencia hasta la redención de la posesión adquirida, para alabanza de su gloria.

Efesios 1:13-14, RVC

No entristezcan al Espíritu Santo de Dios con la forma en que viven. Recuerden que él los identificó como suyos, y así les ha garantizado que serán salvos el día de la redención.

Efesios 4:30, NTV

Pero deseamos que cada uno de ustedes muestre el mismo entusiasmo hasta el fin, para la plena realización de su esperanza y para que no se hagan perezosos, sino que sigan el ejemplo de quienes por medio de la fe y la paciencia heredan las promesas (...) para que por estas dos cosas que no cambian, y en las que Dios no puede mentir, tengamos un sólido consuelo los que buscamos refugio y nos aferramos a la esperanza que se nos ha propuesto. Esta esperanza mantiene nuestra alma firme y segura, como un ancla, y penetra hasta detrás del velo, donde Jesús, nuestro precursor, entró por nosotros y llegó a ser sumo sacerdote para siempre, según el orden de Melquisedec.

HEBREOS 6:11-12, 18-20, RVC

Jesús es tu...
RESPUESTA

Y Dios proveerá con generosidad todo lo que necesiten. Entonces siempre tendrán todo lo necesario y habrá bastante de sobra para compartir con otros.

2 Corintios 9:8, NTV

Así que mi Dios suplirá todo lo que les falte, conforme a sus riquezas en gloria en Cristo Jesús.

Filipenses 4:19, RVC

Por tanto, les digo: Todo lo que pidan en oración, crean que lo recibirán, y se les concederá.

Marcos 11:24, RVC

No es que pensemos que estamos capacitados para hacer algo por nuestra propia cuenta. Nuestra aptitud proviene de Dios.

2 Corintios 3:5, NTV

Antes, en todas estas cosas somos más que vencedores por medio de aquel que nos amó.

Romanos 8:37, RV60

Sé vivir humildemente, y sé tener abundancia; en todo y por todo estoy enseñado, así para estar saciado como para tener hambre, así para tener abundancia como para padecer necesidad. Todo lo puedo en Cristo que me fortalece.

FILIPENSES 4:12-13, RV60

También pido en oración que entiendan la increíble grandeza del poder de Dios para nosotros, los que creemos en él. Es el mismo gran poder que levantó a Cristo de los muertos y lo sentó en el lugar de honor, a la derecha de Dios, en los lugares celestiales.

EFESIOS 1:19-20, NTV

Y me ha dicho: Bástate mi gracia; porque mi poder se perfecciona en la debilidad. Por tanto, de buena gana me gloriaré más bien en mis debilidades, para que repose sobre mí el poder de Cristo.

2 CORINTIOS 12:9, RV60

Toda la alabanza sea para Dios, el Padre de nuestro Señor Jesucristo, quien nos ha bendecido con toda clase de bendiciones espirituales en los lugares celestiales, porque estamos unidos a Cristo.

EFESIOS 1:3, NTV

Si ustedes permanecen en mí y mis palabras permanecen en ustedes, pueden pedir lo que quieran, ¡y les será concedido!

JUAN 15:7, NTV

Y todo lo que pidan al Padre en mi nombre, lo haré, para que el Padre sea glorificado en el Hijo.

JUAN 14:13, RVC

Ese día, no necesitarán pedirme nada. Les digo la verdad, le pedirán directamente al Padre, y él les concederá la petición, porque piden en mi nombre. No lo han hecho antes. Pidan en mi nombre y recibirán y tendrán alegría en abundancia.

JUAN 16:23-24, NTV

Si ustedes creen, todo lo que pidan en oración lo recibirán.

MATEO 21:22, RVC

¿Qué, pues, diremos a esto? Si Dios es por nosotros, ¿quién contra nosotros? El que no escatimó ni a su propio Hijo, sino que lo entregó por todos nosotros, ¿cómo no nos dará también con él todas las cosas?

ROMANOS 8:31-32, RV60

Todas las cosas que pertenecen a la vida y a la piedad nos han sido dadas por su divino poder, mediante el conocimiento de aquel que nos llamó por su gloria y excelencia. Por medio de ellas nos ha dado preciosas y grandísimas promesas, para que por ellas ustedes lleguen a ser partícipes de la naturaleza divina, puesto que han huido de la corrupción que hay en el mundo por causa de los malos deseos.

2 PEDRO 1:3-4, RVC

¡Bendice, alma mía, al Señor, y no olvides ninguna de sus bendiciones! El Señor perdona todas tus maldades, y sana todas tus dolencias. El Señor te rescata de la muerte, y te colma de favores y de su misericordia.

Salmo 103:2-4, RVC

Jesús es tu...
SATISFACCIÓN

Bienaventurados los que tienen hambre y sed de justicia, porque ellos serán saciados.

MATEO 5:6, RV60

Deléitate en el Señor, y él te concederá los deseos de tu corazón. Entrega al Señor todo lo que haces; confía en él, y él te ayudará.

SALMO 37:4-5, NTV

El que sacia de bien tu boca de modo que te rejuvenezcas como el águila.

SALMO 103:5, RV60

Andaban hambrientos y sedientos, con el alma a punto de desfallecer. El Señor sacia la sed del sediento, y colma con buena comida al hambriento.

SALMO 107:5,9, RVC

Ustedes comerán hasta saciarse, y alabarán mi nombre, pues yo, el Señor su Dios, haré maravillas entre ustedes. Y nunca más mi pueblo será avergonzado.

JOEL 2:26, RVC

Los pobres comerán y quedarán satisfechos; todos los que buscan al Señor lo alabarán; se alegrará el corazón con gozo eterno.

Salmo 22:26, NTV

Respondió Jesús y le dijo: Cualquiera que bebiere de esta agua, volverá a tener sed; mas el que bebiere del agua que yo le daré, no tendrá sed jamás; sino que el agua que yo le daré será en él una fuente de agua que salte para vida eterna.

Juan 4:13-14, RV60

Jesús les dijo: Yo soy el pan de vida; el que a mí viene, nunca tendrá hambre; y el que en mí cree, no tendrá sed jamás.

Juan 6:35, RV60

Entonces el Señor se compadecerá de su pueblo y guardará celosamente el honor de su tierra. El Señor responderá: «¡Miren!, les envío grano, vino nuevo y aceite de oliva, suficiente para satisfacer sus necesidades. Ya no serán objeto de burla entre las naciones vecinas».

Joel 2:18-19, NTV

(...) y si dieres tu pan al hambriento, y saciares al alma afligida, en las tinieblas nacerá tu luz, y tu oscuridad será como el mediodía. Jehová te pastoreará siempre, y en las sequías saciará tu alma, y dará vigor a tus huesos; y serás como huerto de riego, y como manantial de aguas, cuyas aguas nunca faltan.

Isaías 58:10-11, RV60

Los ojos de todos esperan en ti, y tú les das su comida a su tiempo. Abres tu mano, y colmas de bendición a todo ser viviente. Justo es Jehová en todos sus caminos, y misericordioso en todas sus obras.

Salmo 145:15-17, NTV

¿Por qué gastan su dinero en lo que no alimenta, y su sueldo en lo que no les sacia? Escúchenme bien, y coman lo que es bueno; deléitense con la mejor comida.

Isaías 55:2, RVC

Y el alma del sacerdote satisfaré con abundancia, y mi pueblo será saciado de mi bien, dice Jehová.

Jeremías 31:14, RV60

Como de meollo y de grosura será saciada mi alma, y con labios de júbilo te alabará mi boca, cuando me acuerde de ti en mi lecho, cuando medite en ti en las vigilias de la noche. Está mi alma apegada a ti; tu diestra me ha sostenido.

Salmo 63:5-6,8, RV60

El que no escatimó ni a su propio Hijo, sino que lo entregó por todos nosotros, ¿cómo no nos dará también con él todas las cosas?

Romanos 8:32, RV60

Jesús es tu...
TODO

Así que mi Dios suplirá todo lo que les falte, conforme a sus riquezas en gloria en Cristo Jesús.

FILIPENSES 4:19, RVC

Todo lo puedo en Cristo que me fortalece.

FILIPENSES 4:13, RV60

Antes, en todas estas cosas somos más que vencedores por medio de aquel que nos amó.

ROMANOS 8:37, RV60

Así que no se jacten de seguir a un líder humano en particular. Pues a ustedes les pertenece todo: ya sea Pablo o Apolos o Pedro, o el mundo, o la vida y la muerte, o el presente y el futuro. Todo les pertenece a ustedes, y ustedes pertenecen a Cristo, y Cristo pertenece a Dios.

1 CORINTIOS 3:21-23, NTV

Ustedes ya están limpios, por la palabra que les he hablado. Si permanecen en mí, y mis palabras permanecen en ustedes, pidan todo lo que quieran, y se les concederá.

JUAN 15:3,7, RVC

Todo lo que pertenece al Padre es mío; por eso dije: «El Espíritu les dirá todo lo que reciba de mí». Ese día, no necesitarán pedirme nada. Les digo la verdad, le pedirán directamente al Padre, y él les concederá la petición, porque piden en mi nombre.

JUAN 16:15,23, NTV

Si ustedes creen, todo lo que pidan en oración lo recibirán.

MATEO 21:22, RVC

Por tanto, les digo: Todo lo que pidan en oración, crean que lo recibirán, y se les concederá.

MARCOS 11:24, RVC

Toda la alabanza sea para Dios, el Padre de nuestro Señor Jesucristo, quien nos ha bendecido con toda clase de bendiciones espirituales en los lugares celestiales, porque estamos unidos a Cristo.

EFESIOS 1:3, NTV

Y recibiremos de él todo lo que le pidamos porque lo obedecemos y hacemos las cosas que le agradan. Y su mandamiento es el siguiente: debemos creer en el nombre de su Hijo, Jesucristo, y amarnos unos a otros, así como él nos lo ordenó.

1 JUAN 3:22-23, NTV

Al que no conoció pecado, por nosotros lo hizo pecado, para que nosotros fuésemos hechos justicia de Dios en él.

2 CORINTIOS 5:21, RV60

Porque para mí el vivir es Cristo, y el morir es ganancia.

FILIPENSES 1:21, RV60

De modo que si alguno está en Cristo, nueva criatura es; las cosas viejas pasaron; he aquí todas son hechas nuevas.

2 CORINTIOS 5:17, RV60

Y a Aquel que es poderoso para hacer todas las cosas mucho más abundantemente de lo que pedimos o entendemos, según el poder que actúa en nosotros, a él sea gloria en la iglesia en Cristo Jesús por todas las edades, por los siglos de los siglos. Amén.

EFESIOS 3:20-21, RV60

Y Dios proveerá con generosidad todo lo que necesiten. Entonces siempre tendrán todo lo necesario y habrá bastante de sobra para compartir con otros.

2 CORINTIOS 9:8, NTV

Bendito el Señor; cada día nos colma de beneficios el Dios de nuestra salvación.

SALMO 68:19, RV60

QUÉ HACER

cuando te sientas…

Qué hacer
cuando te sientas...
DESANIMADO

Ciertamente volverán los redimidos de Jehová; volverán a Sion cantando, y gozo perpetuo habrá sobre sus cabezas; tendrán gozo y alegría, y el dolor y el gemido huirán.

ISAÍAS 51:11, RV60

Así que alégrense de verdad. Les espera una alegría inmensa, aunque tienen que soportar muchas pruebas por un tiempo breve. Estas pruebas demostrarán que su fe es auténtica. Está siendo probada de la misma manera que el fuego prueba y purifica el oro, aunque la fe de ustedes es mucho más preciosa que el mismo oro. Entonces su fe, al permanecer firme en tantas pruebas, les traerá mucha alabanza, gloria y honra en el día que Jesucristo sea revelado a todo el mundo. Ustedes aman a Jesucristo a pesar de que nunca lo han visto. Aunque ahora no lo ven, confían en él y se gozan con una alegría gloriosa e indescriptible. La recompensa por confiar en él será la salvación de sus almas.

1 PEDRO 1:6-9, NTV

No se preocupen por nada; en cambio, oren por todo. Díganle a Dios lo que necesitan y denle gracias por todo lo que él ha hecho. Así experimentarán la paz de Dios, que supera todo lo que podemos entender. La paz de Dios cuidará su corazón y su mente mientras vivan en Cristo Jesús.

FILIPENSES 4:6-8, NTV

Cuando me encuentre angustiado, tú me infundirás nueva vida; me defenderás de la ira de mis enemigos, y con tu diestra me levantarás victorioso.

SALMO 138:7, RVC

No se turbe su corazón. Ustedes creen en Dios; crean también en mí.

JUAN 14:1, RVC

La paz les dejo, mi paz les doy; yo no la doy como el mundo la da. No dejen que su corazón se turbe y tenga miedo.

JUAN 14:27, RVC

(...) que estamos atribulados en todo, mas no angustiados; en apuros, mas no desesperados; perseguidos, mas no desamparados; derribados, pero no destruidos (...)

2 CORINTIOS 4:8-9, RV60

Por lo tanto, no desechen la firme confianza que tienen en el Señor. ¡Tengan presente la gran recompensa que les traerá! Perseverar con paciencia es lo que necesitan ahora para seguir haciendo la voluntad de Dios. Entonces recibirán todo lo que él ha prometido.

HEBREOS 10:35-36, NTV

Estoy persuadido de que el que comenzó en ustedes la buena obra, la perfeccionará hasta el día de Jesucristo.

FILIPENSES 1:6, RVC

No nos cansemos, pues, de hacer bien; porque a su tiempo segaremos, si no desmayamos.

GÁLATAS 6:9, RV60

Ustedes, los que esperan en el Señor, ¡esfuércense, y cobren ánimo!

SALMO 31:24, RVC

El Señor es mi luz y mi salvación; ¿a quién podría yo temer? El Señor es la fortaleza de mi vida; ¿quién podría infundirme miedo? Mis malvados enemigos me ponen en aprietos; se juntan y hacen planes de acabar conmigo, pero son ellos los que tropiezan y caen. Aunque un ejército acampe contra mí, mi corazón no se amedrentará; aunque me ataquen y me declaren la guerra, en esto fincaré mi confianza: Le he pedido al Señor, y sólo esto busco: habitar en su casa todos los días de mi vida, para contemplar su hermosura y solazarme en su templo. Cuando vengan los días malos, él me esconderá en su santuario; me ocultará en lo más recóndito de su templo, me pondrá en lo alto de una roca. Ante los enemigos que me rodean me hará levantar la cabeza, y llevaré a su templo mis ofrendas de alegría y allí cantaré salmos al Señor. Señor, escúchame cuando a ti me dirija; ¡ten compasión de mí, y respóndeme! A mi corazón le pides buscar tu rostro, y yo, Señor, tu rostro busco. Tú eres mi Dios y salvador; ¡no escondas de mí tu rostro! No apartes con enojo a este siervo tuyo, pues siempre has sido mi ayuda. ¡No me dejes ni me desampares! Podrían mi padre y mi madre abandonarme, pero tú, Señor, me recogerás. Por causa de mis adversarios, enséñame, Señor, tu camino y llévame por el camino recto. Testigos falsos y violentos se levantan contra mí; ¡no permitas que hagan conmigo lo que quieran! ¡Yo estoy seguro, Señor, que he de ver tu bondad en esta tierra de los vivientes! ¡Espera en el Señor! ¡Infunde a tu corazón ánimo y aliento! ¡Sí, espera en el Señor!

SALMO 27:1-14, RVC

Qué hacer
cuando te sientas...
PREOCUPADO

Pongan todas sus preocupaciones y ansiedades en las manos de Dios, porque él cuida de ustedes.

1 Pedro 5:7, NTV

No se turbe su corazón. Ustedes creen en Dios; crean también en mí.

Juan 14:1, RVC

Así que mi Dios suplirá todo lo que les falte, conforme a sus riquezas en gloria en Cristo Jesús.

Filipenses 4:19, RVC

En paz me acostaré, y asimismo dormiré; porque solo tú, Jehová, me haces vivir confiado.

Salmo 4:8, RV60

Que en el corazón de ustedes gobierne la paz de Cristo, a la cual fueron llamados en un solo cuerpo. Y sean agradecidos.

Colosenses 3:15, RVC

No se preocupen por nada; en cambio, oren por todo. Díganle a Dios lo que necesitan y denle gracias por todo lo que él ha hecho. Así experimentarán la paz de Dios, que supera todo lo que podemos entender. La paz de Dios cuidará su corazón y su mente mientras vivan en Cristo Jesús.

FILIPENSES 4:6-7, NTV

¡Tú guardarás en perfecta paz a todos los que confían en ti; a todos los que concentran en ti sus pensamientos!

ISAÍAS 26:3, NTV

Por lo tanto les digo: No se preocupen por su vida, ni por qué comerán o qué beberán; ni con qué cubrirán su cuerpo. ¿Acaso no vale más la vida que el alimento, y el cuerpo más que el vestido? Miren las aves del cielo, que no siembran, ni cosechan, ni recogen en graneros, y el Padre celestial las alimenta. ¿Acaso no valen ustedes mucho más que ellas? ¿Y quién de ustedes, por mucho que lo intente, puede añadir medio metro a su estatura? ¿Y por qué se preocupan por el vestido? Observen cómo crecen los lirios del campo: no trabajan ni hilan, y aun así ni el mismo Salomón, con toda su gloria, se vistió como uno de ellos. Pues si Dios viste así a la hierba, que hoy está en el campo y mañana se echa en el horno, ¿no hará mucho más por ustedes, hombres de poca fe? Por lo tanto, no se preocupen ni se pregunten «¿Qué comeremos, o qué beberemos, o qué vestiremos?». Porque la gente anda tras todo esto, pero su Padre celestial sabe que ustedes tienen necesidad de todas estas cosas. Por lo tanto, busquen primeramente el reino de Dios y su justicia, y todas estas cosas les serán añadidas. Así que, no se preocupen por el día de mañana, porque el día de mañana traerá sus propias preocupaciones. ¡Ya bastante tiene cada día con su propio mal!

MATEO 6:25-34, RVC

Porque el ocuparse de la carne es muerte, pero el ocuparse del Espíritu es vida y paz.

ROMANOS 8:6, RV60

Cuando te acuestes, no tendrás temor, sino que te acostarás, y tu sueño será grato.

PROVERBIOS 3:24, RV60

Pero los que creímos hemos entrado en el reposo, conforme a lo que él dijo: «Por eso, en mi furor juré: "No entrarán en mi reposo"», aun cuando sus obras estaban acabadas desde la creación del mundo. De modo que aún queda un reposo para el pueblo de Dios.

HEBREOS 4:3,9, RVC

Los que aman tus enseñanzas tienen mucha paz y no tropiezan.

SALMO 119:165, NTV

El que habita al abrigo del Altísimo morará bajo la sombra del Omnipotente. Diré yo a Jehová: Esperanza mía, y castillo mío; mi Dios, en quien confiaré.

SALMO 91:1-2, RV60

Qué hacer
cuando te sientas...
SOLO

No amen el dinero; estén contentos con lo que tienen, pues Dios ha dicho: «Nunca te fallaré. Jamás te abandonaré».

HEBREOS 13:5, NTV

Enseñen a los nuevos discípulos a obedecer todos los mandatos que les he dado. Y tengan por seguro esto: que estoy con ustedes siempre, hasta el fin de los tiempos.

MATEO 28:20, NTV

No los dejaré huérfanos; vendré a ustedes.

JUAN 14:18, RVC

Pues Jehová no desamparará a su pueblo, por su grande nombre; porque Jehová ha querido haceros pueblo suyo.

1 SAMUEL 12:22, RV60

No temas, porque yo estoy contigo; no desmayes, porque yo soy tu Dios que te esfuerzo; siempre te ayudaré, siempre te sustentaré con la diestra de mi justicia.

ISAÍAS 41:10, RV60

No se turbe su corazón. Ustedes creen en Dios; crean también en mí.

Juan 14:1, RVC

El Dios eterno es tu refugio; aquí en la tierra siempre te apoya. Delante de ti desalojó al enemigo, y te ordenó que lo destruyeras.

Deuteronomio 33:27, RVC

Él sana a los de corazón quebrantado y les venda las heridas.

Salmo 147:3, NTV

¿Acaso hay algo que pueda separarnos del amor de Cristo? ¿Será que él ya no nos ama si tenemos problemas o aflicciones, si somos perseguidos o pasamos hambre o estamos en la miseria o en peligro o bajo amenaza de muerte? (Como dicen las Escrituras: «Por tu causa nos matan cada día; nos tratan como a ovejas en el matadero».) Claro que no, a pesar de todas estas cosas, nuestra victoria es absoluta por medio de Cristo, quien nos amó. Y estoy convencido de que nada podrá jamás separarnos del amor de Dios. Ni la muerte ni la vida, ni ángeles ni demonios, ni nuestros temores de hoy ni nuestras preocupaciones de mañana. Ni siquiera los poderes del infierno pueden separarnos del amor de Dios. Ningún poder en las alturas ni en las profundidades, de hecho, nada en toda la creación podrá jamás separarnos del amor de Dios, que está revelado en Cristo Jesús nuestro Señor.

Romanos 8:35-39, NTV

Pues el Señor su Dios es Dios compasivo; no los abandonará, ni los destruirá, ni se olvidará del pacto solemne que hizo con sus antepasados.

Deuteronomio 4:31, NTV

Esfuércense y cobren ánimo; no teman, ni tengan miedo de ellos, porque contigo marcha el Señor tu Dios, y él no te dejará ni te desamparará.

Deuteronomio 31:6, RVC

Aunque mi padre y mi madre me dejaran, con todo, Jehová me recogerá.

Salmo 27:10, RV60

Porque los montes se moverán, y los collados temblarán, pero no se apartará de ti mi misericordia, ni el pacto de mi paz se quebrantará, dijo Jehová, el que tiene misericordia de ti.

Isaías 54:10, RV60

Dios es nuestro amparo y fortaleza, nuestro pronto auxilio en las tribulaciones.

Salmo 46:1, RV60

Pongan todas sus preocupaciones y ansiedades en las manos de Dios, porque él cuida de ustedes.

1 Pedro 5:7, NTV

Qué hacer
cuando te sientas...
DEPRIMIDO

El Señor oye a los suyos cuando claman a él por ayuda; los rescata de todas sus dificultades.

Salmo 34:17, NTV

Cuando pases por las aguas, yo estaré contigo; y si por los ríos, no te anegarán. Cuando pases por el fuego, no te quemarás, ni la llama arderá en ti.

Isaías 43:2, RV60

Porque un momento será su ira, pero su favor dura toda la vida. Por la noche durará el lloro, y a la mañana vendrá la alegría.

Salmo 30:5, RV60

Amados hermanos, no se sorprendan de la prueba de fuego a que se ven sometidos, como si les estuviera sucediendo algo extraño. Al contrario, alégrense de ser partícipes de los sufrimientos de Cristo, para que también se alegren grandemente cuando la gloria de Cristo se revele.

1 Pedro 4:12-13, RVC

(...) a ordenar que a los afligidos de Sion se les dé gloria en lugar de ceniza, óleo de gozo en lugar de luto, manto de alegría en lugar del espíritu angustiado; y serán llamados árboles de justicia, plantío de Jehová, para gloria suya.

Isaías 61:3, RV60

(...) pero los que esperan a Jehová tendrán nuevas fuerzas; levantarán alas como las águilas; correrán, y no se cansarán; caminarán, y no se fatigarán.

Isaías 40:31, RV60

Bendito sea el Dios y Padre de nuestro Señor Jesucristo, Padre de misericordias y Dios de toda consolación, quien nos consuela en todas nuestras tribulaciones, para que también nosotros podamos consolar a los que están sufriendo, por medio de la consolación con que nosotros somos consolados por Dios.

2 Corintios 1:3-4, RVC

Y estoy convencido de que nada podrá jamás separarnos del amor de Dios. Ni la muerte ni la vida, ni ángeles ni demonios, ni nuestros temores de hoy ni nuestras preocupaciones de mañana. Ni siquiera los poderes del infierno pueden separarnos del amor de Dios. Ningún poder en las alturas ni en las profundidades, de hecho, nada en toda la creación podrá jamás separarnos del amor de Dios, que está revelado en Cristo Jesús nuestro Señor.

Romanos 8:38-39, NTV

Él sana a los de corazón quebrantado y les venda las heridas.

SALMO 147:3, NTV

Por lo demás, hermanos, piensen en todo lo que es verdadero, en todo lo honesto, en todo lo justo, en todo lo puro, en todo lo amable, en todo lo que es digno de alabanza; si hay en ello alguna virtud, si hay algo que admirar, piensen en ello.

FILIPENSES 4:8, RVC

No temas, porque yo estoy contigo; no desmayes, porque yo soy tu Dios que te esfuerzo; siempre te ayudaré, siempre te sustentaré con la diestra de mi justicia.

ISAÍAS 41:10, RV60

Así que humíllense ante el gran poder de Dios y, a su debido tiempo, él los levantará con honor. Pongan todas sus preocupaciones y ansiedades en las manos de Dios, porque él cuida de ustedes.

1 PEDRO 5:6-7, NTV

Además, Jesús les contó una parábola en cuanto a la necesidad de orar siempre y de no desanimarse.

LUCAS 18:1, RVC

También dijeron: «Vayan y coman bien, y tomen un buen vino, pero compartan todo con los que nada tienen. Este día está consagrado a nuestro Señor, así que no estén tristes. El gozo del Señor es nuestra fuerza».

NEHEMÍAS 8:10, RVC

Qué hacer
cuando te sientas...
INSATISFECHO

Hasta los leones jóvenes y fuertes a veces pasan hambre, pero a los que confían en el Señor no les faltará ningún bien.

Salmo 34:10, NTV

Porque yo derramaré aguas sobre el sequedal, y ríos sobre la tierra árida; mi Espíritu derramaré sobre tu generación, y mi bendición sobre tus renuevos.

Isaías 44:3, RV60

Sé vivir humildemente, y sé tener abundancia; en todo y por todo estoy enseñado, así para estar saciado como para tener hambre, así para tener abundancia como para padecer necesidad. Todo lo puedo en Cristo que me fortalece.

Filipenses 4:12-13, RV60

Confía en el Señor, y practica el bien; así heredarás la tierra y la verdad te guiará.

Salmo 37:3, RVC

Dios mío, ¡tú eres mi Dios! Yo te buscaré de madrugada. Mi alma desfallece de sed por ti; mi ser entero te busca con ansias, en terrenos secos e inhóspitos, sin agua, con deseos de ver tu poder y tu gloria, como los he mirado en el santuario. Tu misericordia es mejor que la vida; por eso mis labios te alaban. ¡Yo te bendeciré mientras tenga vida, y en tu nombre levantaré mis manos! Mi alma quedará del todo satisfecha, como si comiera los mejores platillos, y mis labios te aclamarán jubilosos.

SALMO 63:1-5, RVC

El hombre será saciado de bien del fruto de su boca; y le será pagado según la obra de sus manos.

PROVERBIOS 12:14, RV60

Ustedes comerán hasta saciarse, y alabarán mi nombre, pues yo, el Señor su Dios, haré maravillas entre ustedes. Y nunca más mi pueblo será avergonzado.

JOEL 2:26, RVC

Bendice, alma mía, a Jehová, y bendiga todo mi ser su santo nombre. Bendice, alma mía, a Jehová, y no olvides ninguno de sus beneficios. Él es quien perdona todas tus iniquidades, el que sana todas tus dolencias; el que rescata del hoyo tu vida, el que te corona de favores y misericordias; el que sacia de bien tu boca de modo que te rejuvenezcas como el águila.

SALMO 103:1-5, RV60

Y el alma del sacerdote satisfaré con abundancia, y mi pueblo será saciado de mi bien, dice Jehová.

JEREMÍAS 31:14, RV60

El Señor sacia la sed del sediento, y colma con buena comida al hambriento.

Salmo 107:9, RVC

¡Vean a Dios, mi salvador! Puedo estar confiado y sin temor alguno, porque el Señor es mi fortaleza y mi canción; ¡él es mi salvador! Y con gran gozo sacarán ustedes agua de las fuentes de la salvación.

Isaías 12:2-3, RVC

Y Dios proveerá con generosidad todo lo que necesiten. Entonces siempre tendrán todo lo necesario y habrá bastante de sobra para compartir con otros.

2 Corintios 9:8, NTV

¿Por qué gastan su dinero en lo que no alimenta, y su sueldo en lo que no les sacia? Escúchenme bien, y coman lo que es bueno; deléitense con la mejor comida.

Isaías 55:2, RVC

Bienaventurados los que tienen hambre y sed de justicia, porque ellos serán saciados.

Mateo 5:6, RV60

Qué hacer
cuando te sientas...
CULPABLE

Por lo tanto, ya no hay condenación para los que pertenecen a Cristo Jesús.

ROMANOS 8:1, NTV

No ha hecho con nosotros conforme a nuestras iniquidades, ni nos ha pagado conforme a nuestros pecados.

SALMO 103:10, RV60

De modo que si alguno está en Cristo, nueva criatura es; las cosas viejas pasaron; he aquí todas son hechas nuevas.

2 CORINTIOS 5:17, RV60

Porque Dios no envió a su Hijo al mundo para condenar al mundo, sino para que el mundo sea salvo por él. El que en él cree, no es condenado; pero el que no cree, ya ha sido condenado, porque no ha creído en el nombre del unigénito Hijo de Dios.

JUAN 3:17-18, RVC

Perdonaré sus maldades y nunca más me acordaré de sus pecados.

HEBREOS 8:12, NTV

De cierto, de cierto os digo: El que oye mi palabra, y cree al que me envió, tiene vida eterna; y no vendrá a condenación, mas ha pasado de muerte a vida.

JUAN 5:24, RV60

Yo, y nadie más, soy el que borra tus rebeliones, porque así soy yo, y no volveré a acordarme de tus pecados.

ISAÍAS 43:25, RVC

Deje el impío su camino, y el hombre inicuo sus pensamientos, y vuélvase a Jehová, el cual tendrá de él misericordia, y al Dios nuestro, el cual será amplio en perdonar.

ISAÍAS 55:7, RV60

Finalmente te confesé todos mis pecados y ya no intenté ocultar mi culpa. Me dije: «Le confesaré mis rebeliones al Señor», ¡y tú me perdonaste! Toda mi culpa desapareció.

SALMO 32:5, NTV

Si confesamos nuestros pecados, él es fiel y justo para perdonar nuestros pecados, y limpiarnos de toda maldad.

1 JUAN 1:9, RV60

Bienaventurado aquel cuya transgresión ha sido perdonada, y cubierto su pecado.

SALMO 32:1, RV60

Entonces oí una gran voz en el cielo, que decía: Ahora ha venido la salvación, el poder, y el reino de nuestro Dios, y la autoridad de su Cristo; porque ha sido lanzado fuera el acusador de nuestros hermanos, el que los acusaba delante de nuestro Dios día y noche. Y ellos le han vencido por medio de la sangre del Cordero y de la palabra del testimonio de ellos, y menospreciaron sus vidas hasta la muerte.

APOCALIPSIS 12:10-11, RV60

Entonces Jesús se enderezó y le dijo: «Y, mujer, ¿dónde están todos? ¿Ya nadie te condena?». Ella dijo: «Nadie, Señor». Entonces Jesús le dijo: «Tampoco yo te condeno. Vete, y no peques más».

JUAN 8:10-11, RVC

Y no enseñará más ninguno a su prójimo, ni ninguno a su hermano, diciendo: Conoce a Jehová; porque todos me conocerán, desde el más pequeño de ellos hasta el más grande, dice Jehová; porque perdonaré la maldad de ellos, y no me acordaré más de su pecado.

JEREMÍAS 31:34, RV60

(...) acerquémonos con corazón sincero, en plena certidumbre de fe, purificados los corazones de mala conciencia, y lavados los cuerpos con agua pura.

HEBREOS 10:22, RV60

Si ustedes se vuelven al Señor, sus hermanos y sus hijos serán tratados con misericordia por quienes ahora los tienen cautivos, y volverán a esta tierra, porque el Señor su Dios es clemente y misericordioso, y no les volverá la espalda si ustedes se vuelven a él.

2 CRÓNICAS 30:9, RVC

Qué hacer
cuando te sientas...
CONFUNDIDO

(...) pues Dios no es Dios de confusión, sino de paz.

1 Corintios 14:33, RV60

Porque no nos ha dado Dios espíritu de cobardía, sino de poder, de amor y de dominio propio.

2 Timoteo 1:7, RV60

Pues donde hay envidias y rivalidades, allí hay confusión y toda clase de mal. Pero la sabiduría que viene de lo alto es, ante todo, pura, y además pacífica, amable, benigna, llena de compasión y de buenos frutos, ecuánime y genuina. Y el fruto de la justicia se siembra en paz para los que trabajan por la paz.

Santiago 3:16-18, RVC

Dios el Señor me ayudará, así que no me avergonzaré. Por eso endurecí mi rostro como piedra, pues bien sé que no seré avergonzado.

Isaías 50:7, RVC

Amados hermanos, no se sorprendan de la prueba de fuego a que se ven sometidos, como si les estuviera sucediendo algo extraño. Al contrario, alégrense de ser partícipes de los sufrimientos de Cristo, para que también se alegren grandemente cuando la gloria de Cristo se revele.

1 PEDRO 4:12-13, RVC

Si necesitan sabiduría, pídansela a nuestro generoso Dios, y él se la dará; no los reprenderá por pedirla.

SANTIAGO 1:5, NTV

Confía en el Señor con todo tu corazón; no dependas de tu propio entendimiento. Busca su voluntad en todo lo que hagas, y él te mostrará cuál camino tomar.

PROVERBIOS 3:5-6, NTV

Te haré entender, y te enseñaré el camino en que debes andar; sobre ti fijaré mis ojos.

SALMO 32:8, RV60

Los que aman tus enseñanzas tienen mucha paz y no tropiezan.

SALMO 119:165, NTV

Y tú, Dios mío, ¡haz que esa gente descienda al profundo pozo de la perdición! ¡Esa gente sanguinaria y mentirosa no llegará a la mitad de su vida! Pero yo, siempre confiaré en ti.

SALMO 55:23, RVC

Él da esfuerzo al cansado, y multiplica las fuerzas al que no tiene ningunas.

ISAÍAS 40:29, RV60

Cuando pases por las aguas, yo estaré contigo; y si por los ríos, no te anegarán. Cuando pases por el fuego, no te quemarás, ni la llama arderá en ti.

Isaías 43:2, RV60

Entonces oirán ustedes decir a sus espaldas estas palabras: «Éste es el camino; vayan por él. No se desvíen a la derecha ni a la izquierda».

Isaías 30:21, RVC

No se preocupen por nada; en cambio, oren por todo. Díganle a Dios lo que necesitan y denle gracias por todo lo que él ha hecho. Así experimentarán la paz de Dios, que supera todo lo que podemos entender. La paz de Dios cuidará su corazón y su mente mientras vivan en Cristo Jesús.

Filipenses 4:6-7, NTV

Qué hacer
cuando te sientas...
TENTADO

Así que, el que crea estar firme, tenga cuidado de no caer. A ustedes no les ha sobrevenido ninguna tentación que no sea humana; pero Dios es fiel y no permitirá que ustedes sean sometidos a una prueba más allá de lo que puedan resistir, sino que junto con la prueba les dará la salida, para que puedan sobrellevarla.

1 Corintios 10:12-13, RVC

Por lo tanto, ya que tenemos un gran Sumo Sacerdote que entró en el cielo, Jesús el Hijo de Dios, aferrémonos a lo que creemos. Nuestro Sumo Sacerdote comprende nuestras debilidades, porque enfrentó todas y cada una de las pruebas que enfrentamos nosotros, sin embargo, él nunca pecó. Así que acerquémonos con toda confianza al trono de la gracia de nuestro Dios. Allí recibiremos su misericordia y encontraremos la gracia que nos ayudará cuando más la necesitemos.

Hebreos 4:14-16, NTV

Pues en cuanto él mismo padeció siendo tentado, es poderoso para socorrer a los que son tentados.

Hebreos 2:18, RV60

El Señor sabe librar de la tentación a los piadosos (...)

2 Pedro 2:9, RVC

El pecado ya no tendrá poder sobre ustedes, pues ya no están bajo la ley sino bajo la gracia.

Romanos 6:14, RVC

En mi corazón he guardado tus dichos, para no pecar contra ti.

Salmo 119:11, RV60

Cuando alguno es tentado, no diga que es tentado de parte de Dios; porque Dios no puede ser tentado por el mal, ni él tienta a nadie; sino que cada uno es tentado, cuando de su propia concupiscencia es atraído y seducido.

Santiago 1:13-14, RV60

Los que encubren sus pecados no prosperarán, pero si los confiesan y los abandonan, recibirán misericordia.

Proverbios 28:13, NTV

Si confesamos nuestros pecados, él es fiel y justo para perdonar nuestros pecados, y limpiarnos de toda maldad.

1 Juan 1:9, RV60

Hijitos, ustedes son de Dios, y han vencido a esos falsos profetas, porque mayor es el que está en ustedes que el que está en el mundo.

1 Juan 4:4, RVC

Sean prudentes y manténganse atentos, porque su enemigo es el diablo, y él anda como un león rugiente, buscando a quien devorar. Pero ustedes, manténganse firmes y háganle frente. Sepan que en todo el mundo sus hermanos están enfrentando los mismos sufrimientos.

1 Pedro 5:8-9, RVC

Por lo demás, hermanos míos, manténganse firmes en el Señor y en el poder de su fuerza. Revístanse de toda la armadura de Dios, para que puedan hacer frente a las asechanzas del diablo. Además de todo esto, protéjanse con el escudo de la fe, para que puedan apagar todas las flechas incendiarias del maligno.

Efesios 6:10-11,16, RVC

Así que humíllense delante de Dios. Resistan al diablo, y él huirá de ustedes.

Santiago 4:7, NTV

Hermanos míos, considérense muy dichosos cuando estén pasando por diversas pruebas. Bien saben que, cuando su fe es puesta a prueba, produce paciencia. Dichoso el que hace frente a la tentación; porque, pasada la prueba, se hace acreedor a la corona de vida, la cual Dios ha prometido dar a quienes lo aman.

Santiago 1:2-3,12, RVC

Y ahora, que toda la gloria sea para Dios, quien es poderoso para evitar que caigan, y para llevarlos sin mancha y con gran alegría a su gloriosa presencia. Que toda la gloria sea para él, quien es el único Dios, nuestro Salvador por medio de Jesucristo nuestro Señor. ¡Toda la gloria, la majestad, el poder y la autoridad le pertenecen a él desde antes de todos los tiempos, en el presente y por toda la eternidad! Amén.

Judas 24-25, NTV

Así que alégrense de verdad. Les espera una alegría inmensa, aunque tienen que soportar muchas pruebas por un tiempo breve. Estas pruebas demostrarán que su fe es auténtica. Está siendo probada de la misma manera que el fuego prueba y purifica el oro, aunque la fe de ustedes es mucho más preciosa que el mismo oro. Entonces su fe, al permanecer firme en tantas pruebas, les traerá mucha alabanza, gloria y honra en el día que Jesucristo sea revelado a todo el mundo.

1 Pedro 1:6-7, NTV

Qué hacer
cuando te sientas...
ENOJADO

Mis amados hermanos, quiero que entiendan lo siguiente: todos ustedes deben ser rápidos para escuchar, lentos para hablar y lentos para enojarse. El enojo humano no produce la rectitud que Dios desea.

SANTIAGO 1:19-20, NTV

El que tarda en airarse es grande de entendimiento; mas el que es impaciente de espíritu enaltece la necedad.

PROVERBIOS 14:29, RV60

Enójense, pero no pequen; reconcíliense antes de que el sol se ponga.

EFESIOS 4:26, RVC

La blanda respuesta quita la ira; mas la palabra áspera hace subir el furor.

PROVERBIOS 15:1, RV60

Si ustedes perdonan a los otros sus ofensas, también su Padre celestial los perdonará a ustedes.

MATEO 6:14, RVC

Queridos amigos, nunca tomen venganza. Dejen que se encargue la justa ira de Dios. Pues dicen las Escrituras: «Yo tomaré venganza; yo les pagaré lo que se merecen», dice el Señor.

Romanos 12:19, NTV

Mejor es el que tarda en airarse que el fuerte; y el que se enseñorea de su espíritu, que el que toma una ciudad.

Proverbios 16:32, RV60

Controla tu carácter, porque el enojo es el distintivo de los necios.

Eclesiastés 7:9, NTV

Si el que te odia tiene hambre, dale de comer; y si tiene sed, dale de beber. Así harás que se avergüence de su conducta, y el Señor habrá de recompensarte.

Proverbios 25:21-22, RVC

Pues conocemos al que dijo: Mía es la venganza, yo daré el pago, dice el Señor. Y otra vez: El Señor juzgará a su pueblo.

Hebreos 10:30, RV60

Líbrense de toda amargura, furia, enojo, palabras ásperas, calumnias y toda clase de mala conducta. Por el contrario, sean amables unos con otros, sean de buen corazón, y perdónense unos a otros, tal como Dios los ha perdonado a ustedes por medio de Cristo.

Efesios 4:31-32, NTV

Pero yo digo: aun si te enojas con alguien, ¡quedarás sujeto a juicio! Si llamas a alguien idiota, corres peligro de que te lleven ante el tribunal; y si maldices a alguien, corres peligro de caer en los fuegos del infierno. Por lo tanto, si presentas una ofrenda en el altar del templo y de pronto recuerdas que alguien tiene algo contra ti, deja la ofrenda allí en el altar. Anda y reconcíliate con esa persona. Luego ven y presenta tu ofrenda a Dios.

Mateo 5:22-24, NTV

El sabio teme y se aparta del mal; mas el insensato se muestra insolente y confiado. El que fácilmente se enoja hará locuras; y el hombre perverso será aborrecido.

Proverbios 14:16-17, RV60

Pero ahora deben abandonar también la ira, el enojo, la malicia, la blasfemia y las conversaciones obscenas.

Colosenses 3:8, RVC

Deja la ira, y desecha el enojo; no te excites en manera alguna a hacer lo malo.

Salmo 37:8, RV60

Qué hacer
cuando te sientas...
REBELDE

Obedezcan a sus pastores, y respétenlos. Ellos cuidan de ustedes porque saben que tienen que rendir cuentas a Dios. Así ellos cuidarán de ustedes con alegría, y sin quejarse; de lo contrario, no será provechoso para ustedes.

HEBREOS 13:17, RVC

El sabio teme y se aparta del mal; mas el insensato se muestra insolente y confiado. El que fácilmente se enoja hará locuras; y el hombre perverso será aborrecido.

PROVERBIOS 14:16-17, RV60

Pero Samuel respondió:
—¿Qué es lo que más le agrada al Señor: tus ofrendas quemadas y sacrificios, o que obedezcas a su voz? ¡Escucha! La obediencia es mejor que el sacrificio, y la sumisión es mejor que ofrecer la grasa de carneros. La rebelión es tan pecaminosa como la hechicería, y la terquedad, tan mala como rendir culto a ídolos. Así que, por cuanto has rechazado el mandato del Señor, él te ha rechazado como rey.

1 SAMUEL 15:22-23, NTV

Por lo tanto, preparen su mente para la acción, estén atentos y pongan toda su esperanza en la gracia que recibirán cuando Jesucristo sea manifestado. Pórtense como hijos obedientes, y no sigan los dictados de sus anteriores malos deseos, de cuando vivían en la ignorancia.

1 Pedro 1:13-14, RVC

Y aunque era Hijo, por lo que padeció aprendió la obediencia.

Hebreos 5:8, RV60

Si tan solo me obedecen, tendrán comida en abundancia. Pero si se apartan y se niegan a escuchar, la espada de sus enemigos los devorará. ¡Yo, el Señor, he hablado!.

Isaías 1:19-20, NTV

Por causa del Señor, muéstrense respetuosos de toda institución humana, se trate del rey, porque es el que gobierna, o de sus gobernadores, porque el rey los ha enviado para castigar a los malhechores y para elogiar a los que hacen el bien. La voluntad de Dios es que ustedes practiquen el bien, para que así hagan callar la ignorancia de la gente insensata.

1 Pedro 2:13-15, RVC

Ninguna adversidad le sobreviene al justo, pero todos los males caen sobre los impíos.

Proverbios 12:21, RVC

Es más, sométanse unos a otros por reverencia a Cristo.

Efesios 5:21, NTV

Que haya en ustedes el mismo sentir que hubo en Cristo Jesús, quien, siendo en forma de Dios, no estimó el ser igual a Dios como cosa a que aferrarse, sino que se despojó a sí mismo y tomó forma de siervo, y se hizo semejante a los hombres; y estando en la condición de hombre, se humilló a sí mismo y se hizo obediente hasta la muerte, y muerte de cruz.

FILIPENSES 2:5-8, RVC

Del mismo modo, ustedes los más jóvenes tienen que aceptar la autoridad de los ancianos; y todos vístanse con humildad en su trato los unos con los otros, porque «Dios se opone a los orgullosos pero da gracia a los humildes». Así que humíllense ante el gran poder de Dios y, a su debido tiempo, él los levantará con honor.

1 PEDRO 5:5-6, NTV

En otro tiempo, ustedes eran oscuridad; pero ahora son luz en el Señor. Por tanto, vivan como hijos de luz.

EFESIOS 5:8, RVC

Por lo tanto, no permitan ustedes que el pecado reine en su cuerpo mortal, ni lo obedezcan en sus malos deseos. Tampoco presenten sus miembros al pecado como instrumentos de iniquidad, sino preséntense ustedes mismos a Dios como vivos de entre los muertos, y presenten sus miembros a Dios como instrumentos de justicia.

ROMANOS 6:12-13, RVC

Con la autoridad del Señor digo lo siguiente: ya no vivan como los que no conocen a Dios, porque ellos están irremediablemente confundidos. Tienen la mente llena de oscuridad; vagan lejos de la vida que Dios ofrece, porque cerraron la mente y endurecieron el corazón hacia él.

Efesios 4:17-18, NTV

Así que humíllense delante de Dios. Resistan al diablo, y él huirá de ustedes.

Santiago 4:7, NTV

Qué hacer
cuando te sientas...
RECHAZADO

Antes, en todas estas cosas somos más que vencedores por medio de aquel que nos amó.

ROMANOS 8:37, RV60

(...) porque Jehová no mira lo que mira el hombre; pues el hombre mira lo que está delante de sus ojos, pero Jehová mira el corazón.

1 SAMUEL 16:7b, RV60

(...) pero si alguno padece como cristiano, no se avergüence, sino glorifique a Dios por ello.

1 PEDRO 4:16, RV60

Y tú, Salomón, hijo mío, reconoce al Dios de tu padre, y sírvele con corazón perfecto y con ánimo voluntario; porque Jehová escudriña los corazones de todos, y entiende todo intento de los pensamientos. Si tú le buscares, lo hallarás; mas si lo dejares, él te desechará para siempre.

1 CRÓNICAS 28:9, RV60

El Señor está cerca de los que tienen quebrantado el corazón; él rescata a los de espíritu destrozado.

Salmo 34:18, NTV

Qué alegría para los que no siguen el consejo de malos, ni andan con pecadores, ni se juntan con burlones; sino que se deleitan en la ley del Señor meditando en ella día y noche. Son como árboles plantados a la orilla de un río, que siempre dan fruto en su tiempo. Sus hojas nunca se marchitan, y prosperan en todo lo que hacen.

Salmo 1:1-3, NTV

Bienaventurados los que padecen persecución por causa de la justicia, porque de ellos es el reino de los cielos. Bienaventurados sois cuando por mi causa os vituperen y os persigan, y digan toda clase de mal contra vosotros, mintiendo. Gozaos y alegraos, porque vuestro galardón es grande en los cielos; porque así persiguieron a los profetas que fueron antes de vosotros.

Mateo 5:10-12, RV60

Todo lo que el Padre me da, vendrá a mí; y al que a mí viene, no le echo fuera.

Juan 6:37, RV60

Por lo tanto, como escogidos de Dios, santos y amados, revístanse de entrañable misericordia, de benignidad, de humildad, de mansedumbre y de paciencia. Sean mutuamente tolerantes. Si alguno tiene una queja contra otro, perdónense de la misma manera que Cristo los perdonó. Y sobre todo, revístanse de amor, que es el vínculo perfecto.

Colosenses 3:12-14, RVC

Encomienda a Jehová tu camino, y confía en él; y él hará. Exhibirá tu justicia como la luz, y tu derecho como el mediodía. Guarda silencio ante Jehová, y espera en él. No te alteres con motivo del que prospera en su camino, por el hombre que hace maldades.

Salmo 37:5-7, RV60

QUÉ HACER

cuando estés…

Qué hacer
cuando estés...
ASUSTADO

Porque no nos ha dado Dios espíritu de cobardía, sino de poder, de amor y de dominio propio.

2 Timoteo 1:7, RV60

Y ustedes no han recibido un espíritu que los esclavice al miedo. En cambio, recibieron el Espíritu de Dios cuando él los adoptó como sus propios hijos. Ahora lo llamamos «Abba, Padre». Pues su Espíritu se une a nuestro espíritu para confirmar que somos hijos de Dios.

Romanos 8:15-16, NTV

En el amor no hay temor, sino que el perfecto amor echa fuera el temor; porque el temor lleva en sí castigo. De donde el que teme, no ha sido perfeccionado en el amor.

1 Juan 4:18, RV60

El que habita al abrigo del Altísimo morará bajo la sombra del Omnipotente. Diré yo a Jehová: Esperanza mía, y castillo mío; mi Dios, en quien confiaré.

Salmo 91:1-2, RV60

(...) pero los que esperan a Jehová tendrán nuevas fuerzas; levantarán alas como las águilas; correrán, y no se cansarán; caminarán, y no se fatigarán.

Isaías 40:31, RV60

No temerás que de repente te asalten las calamidades que merecen los impíos. El Señor te infundirá confianza, y evitará que tus pies queden atrapados.

Proverbios 3:25-26, RVC

Con sus plumas te cubrirá, y debajo de sus alas estarás seguro; escudo y adarga es su verdad. No temerás el terror nocturno, ni saeta que vuele de día, ni pestilencia que ande en oscuridad, ni mortandad que en medio del día destruya. Caerán a tu lado mil, y diez mil a tu diestra; mas a ti no llegará.

Salmo 91:10-11,14, RV60

Tu adorno será la justicia. Y no tendrás nada que temer porque la opresión se alejará de ti, y nunca más se te volverá a acercar.

Isaías 54:14, RVC

En Dios he confiado; no temeré; ¿Qué puede hacerme el hombre?

Salmo 56:11, RV60

Pues Dios conoció a los suyos de antemano y los eligió para que llegaran a ser como su Hijo, a fin de que su Hijo fuera el hijo mayor de muchos hermanos. ¿Qué podemos decir acerca de cosas tan maravillosas como estas? Si Dios está a favor de nosotros, ¿quién podrá ponerse en nuestra contra? ¿Acaso hay algo que pueda separarnos del amor de Cristo? ¿Será que él ya no nos ama si tenemos problemas o aflicciones, si somos perseguidos o pasamos hambre o estamos en la miseria o en peligro o bajo amenaza de muerte? (Como dicen las Escrituras: «Por tu causa nos matan cada día; nos tratan como a ovejas en el matadero».) Claro que no, a pesar de todas estas cosas, nuestra victoria es absoluta por medio de Cristo, quien nos amó. Y estoy convencido de que nada podrá jamás separarnos del amor de Dios. Ni la muerte ni la vida, ni ángeles ni demonios, ni nuestros temores de hoy ni nuestras preocupaciones de mañana. Ni siquiera los poderes del infierno pueden separarnos del amor de Dios. Ningún poder en las alturas ni en las profundidades, de hecho, nada en toda la creación podrá jamás separarnos del amor de Dios, que está revelado en Cristo Jesús nuestro Señor.

Romanos 8:29,31,35-39, NTV

Ustedes, los que esperan en el Señor, ¡esfuércense, y cobren ánimo!

Salmo 31:24, RVC

La paz les dejo, mi paz les doy; yo no la doy como el mundo la da. No dejen que su corazón se turbe y tenga miedo.

Juan 14:27, RVC

Qué hacer
cuando estés...
DUDANDO
SOBRE TI MISMO

No temas, porque yo estoy contigo; no desmayes, porque yo soy tu Dios que te esfuerzo; siempre te ayudaré, siempre te sustentaré con la diestra de mi justicia.

ISAÍAS 41:10, RV60

(...) pues Dios no es Dios de confusión, sino de paz.

1 CORINTIOS 14:33, RV60

Pues donde hay envidias y rivalidades, allí hay confusión y toda clase de mal. Pero la sabiduría que viene de lo alto es, ante todo, pura, y además pacífica, amable, benigna, llena de compasión y de buenos frutos, ecuánime y genuina. Y el fruto de la justicia se siembra en paz para los que trabajan por la paz.

SANTIAGO 3:16-18, RVC

Por eso dice la Escritura: «¡Miren! Yo pongo en Sión la principal piedra angular, escogida y preciosa; y el que crea en ella no será avergonzado».

1 PEDRO 2:6, RVC

Dios el Señor me ayudará, así que no me avergonzaré. Por eso endurecí mi rostro como piedra, pues bien sé que no seré avergonzado.

ISAÍAS 50:7, RVC

Echa sobre Jehová tu carga, y él te sustentará; no dejará para siempre caído al justo. Mas tú, oh Dios, harás descender aquéllos al pozo de perdición. Los hombres sanguinarios y engañadores no llegarán a la mitad de sus días; pero yo en ti confiaré.

SALMO 55:22-23, RV60

No se preocupen por nada; en cambio, oren por todo. Díganle a Dios lo que necesitan y denle gracias por todo lo que él ha hecho. Así experimentarán la paz de Dios, que supera todo lo que podemos entender. La paz de Dios cuidará su corazón y su mente mientras vivan en Cristo Jesús.

FILIPENSES 4:6-8, NTV

Dichosos los que guardan juicio, los que hacen justicia en todo tiempo.

SALMO 106:3, RV60

Confía en el Señor con todo tu corazón; no dependas de tu propio entendimiento. Busca su voluntad en todo lo que hagas, y él te mostrará cuál camino tomar.

PROVERBIOS 3:5-6, NTV

Él sana a los de corazón quebrantado y les venda las heridas.

SALMO 147:3, NTV

Cuando no hay visión, el pueblo se desvía; ¡dichoso aquél que obedece la ley!

PROVERBIOS 29:18, RVC

No empleen un lenguaje grosero ni ofensivo. Que todo lo que digan sea bueno y útil, a fin de que sus palabras resulten de estímulo para quienes las oigan.

EFESIOS 4:29, NTV

Traten a los demás como les gustaría que ellos los trataran a ustedes.

LUCAS 6:31, NTV

Los que aman tus enseñanzas tienen mucha paz y no tropiezan.

SALMO 119:165, NTV

Porque un momento será su ira, pero su favor dura toda la vida. Por la noche durará el lloro, y a la mañana vendrá la alegría.

SALMO 30:5, RV60

Cuando pases por las aguas, yo estaré contigo; y si por los ríos, no te anegarán. Cuando pases por el fuego, no te quemarás, ni la llama arderá en ti.

ISAÍAS 43:2, RV60

Bendito sea el Dios y Padre de nuestro Señor Jesucristo, Padre de misericordias y Dios de toda consolación, quien nos consuela en todas nuestras tribulaciones, para que también nosotros podamos consolar a los que están sufriendo, por medio de la consolación con que nosotros somos consolados por Dios.

2 Corintios 1:3-4, RVC

El que guarda su boca y su lengua, su alma guarda de angustias.

Proverbios 21:23, RV60

Y estoy convencido de que nada podrá jamás separarnos del amor de Dios. Ni la muerte ni la vida, ni ángeles ni demonios, ni nuestros temores de hoy ni nuestras preocupaciones de mañana. Ni siquiera los poderes del infierno pueden separarnos del amor de Dios. Ningún poder en las alturas ni en las profundidades, de hecho, nada en toda la creación podrá jamás separarnos del amor de Dios, que está revelado en Cristo Jesús nuestro Señor.

Romanos 8:38-39, NTV

Por lo tanto, imiten a Dios en todo lo que hagan porque ustedes son sus hijos queridos. Vivan una vida llena de amor, siguiendo el ejemplo de Cristo. Él nos amó y se ofreció a sí mismo como sacrificio por nosotros, como aroma agradable a Dios. Que no haya ninguna inmoralidad sexual, impureza ni avaricia entre ustedes. Tales pecados no tienen lugar en el pueblo de Dios. Los cuentos obscenos, las conversaciones necias y los chistes groseros no son para ustedes. En cambio, que haya una actitud de agradecimiento a Dios.

Efesios 5:1-4, NTV

Qué hacer
cuando estés...
NERVIOSO Y ESTRESADO

Mas el fruto del Espíritu es amor, gozo, paz, paciencia, benignidad, bondad, fe, mansedumbre, templanza; contra tales cosas no hay ley.

GÁLATAS 5:22-23, RV60

¡Espera en el Señor! ¡Infunde a tu corazón ánimo y aliento! ¡Sí, espera en el Señor!

SALMO 27:14, NTV

Es bueno el Señor con quienes le buscan, con quienes en él esperan. Es bueno esperar en silencio que el Señor venga a salvarnos.

LAMENTACIONES 3:25-26, RVC

Pero si esperamos lo que no vemos, con paciencia lo aguardamos. Y de igual manera el Espíritu nos ayuda en nuestra debilidad; pues qué hemos de pedir como conviene, no lo sabemos, pero el Espíritu mismo intercede por nosotros con gemidos indecibles.

ROMANOS 8:25-26, RV60

Pero deseamos que cada uno de ustedes muestre el mismo entusiasmo hasta el fin, para la plena realización de su esperanza y para que no se hagan perezosos, sino que sigan el ejemplo de quienes por medio de la fe y la paciencia heredan las promesas.

HEBREOS 6:12, RVC

Gocémonos en la esperanza, soportemos el sufrimiento, seamos constantes en la oración.

ROMANOS 12:12, RVC

Sean siempre humildes y amables. Sean pacientes unos con otros y tolérense las faltas por amor.

EFESIOS 4:2, NTV

Tales cosas se escribieron hace tiempo en las Escrituras para que nos sirvan de enseñanza. Y las Escrituras nos dan esperanza y ánimo mientras esperamos con paciencia hasta que se cumplan las promesas de Dios. Que Dios, quien da esa paciencia y ese ánimo, los ayude a vivir en plena armonía unos con otros, como corresponde a los seguidores de Cristo Jesús.

ROMANOS 15:4-5, NTV

Por lo tanto, no desechen la firme confianza que tienen en el Señor. ¡Tengan presente la gran recompensa que les traerá! Perseverar con paciencia es lo que necesitan ahora para seguir haciendo la voluntad de Dios. Entonces recibirán todo lo que él ha prometido.

HEBREOS 10:35-36, NTV

Es mejor terminar un negocio que comenzarlo. Es mejor ser humilde que ser arrogante. No dejes que el enojo te haga perder la cabeza. Sólo en el pecho de los necios halla lugar el enojo.

ECLESIASTÉS 7:8-9, RVC

Por tanto, nosotros también, teniendo en derredor nuestro tan grande nube de testigos, despojémonos de todo peso y del pecado que nos asedia, y corramos con paciencia la carrera que tenemos por delante.

HEBREOS 12:1, RV60

También les rogamos, hermanos, que les llamen la atención a los ociosos, que animen a los de poco ánimo, que apoyen a los débiles, y que sean pacientes con todos.

1 TESALONICENSES 5:14, RVC

Quédate quieto en la presencia del Señor, y espera con paciencia a que él actúe. No te inquietes por la gente mala que prospera, ni te preocupes por sus perversas maquinaciones. ¡Ya no sigas enojado! ¡Deja a un lado tu ira! No pierdas los estribos, que eso únicamente causa daño. Es mejor ser justo y tener poco que ser malvado y rico.

SALMO 37:7-8,16, NTV

Pacientemente esperé a Jehová, y se inclinó a mí, y oyó mi clamor.

SALMO 40:1, RV60

Y no sólo esto, sino que también nos gloriamos en las tribulaciones, sabiendo que la tribulación produce paciencia; y la paciencia, prueba; y la prueba, esperanza; y la esperanza no avergüenza; porque el amor de Dios ha sido derramado en nuestros corazones por el Espíritu Santo que nos fue dado.

ROMANOS 5:3-5, RV60

Hermanos míos, considérense muy dichosos cuando estén pasando por diversas pruebas. Bien saben que, cuando su fe es puesta a prueba, produce paciencia. Pero procuren que la paciencia complete su obra, para que sean perfectos y cabales, sin que les falta nada.

SANTIAGO 1:2-4, RVC

Amados hermanos, tengan paciencia mientras esperan el regreso del Señor. Piensen en los agricultores, que con paciencia esperan las lluvias en el otoño y la primavera. Con ansias esperan a que maduren los preciosos cultivos. Ustedes también deben ser pacientes. Anímense, porque la venida del Señor está cerca.

SANTIAGO 5:7-8, NTV

Qué hacer
cuando estés...
INSATISFECHO

Tú guardas en completa paz a quien siempre piensa en ti y pone en ti su confianza. Confíen siempre en el Señor, porque él es la Roca eterna.

ISAÍAS 26:3-4, RVC

La paz les dejo, mi paz les doy; yo no la doy como el mundo la da. No dejen que su corazón se turbe y tenga miedo.

JUAN 14:27, RVC

No se preocupen por nada; en cambio, oren por todo. Díganle a Dios lo que necesitan y denle gracias por todo lo que él ha hecho. Así experimentarán la paz de Dios, que supera todo lo que podemos entender. La paz de Dios cuidará su corazón y su mente mientras vivan en Cristo Jesús.

FILIPENSES 4:6-7, NTV

La salvación de los justos proviene del Señor; él les da fuerzas en momentos de angustia. El Señor los ayuda y los pone a salvo; los libra y los pone a salvo de los impíos porque ellos pusieron en él su esperanza.

SALMO 37:39-40, RVC

Por lo tanto, ya que fuimos declarados justos a los ojos de Dios por medio de la fe, tenemos paz con Dios gracias a lo que Jesucristo nuestro Señor hizo por nosotros. Debido a nuestra fe, Cristo nos hizo entrar en este lugar de privilegio inmerecido en el cual ahora permanecemos, y esperamos con confianza y alegría participar de la gloria de Dios.

ROMANOS 5:1-2, NTV

Porque mis pensamientos no son vuestros pensamientos, ni vuestros caminos mis caminos, dijo Jehová. Como son más altos los cielos que la tierra, así son mis caminos más altos que vuestros caminos, y mis pensamientos más que vuestros pensamientos. Porque con alegría saldréis, y con paz seréis vueltos; los montes y los collados levantarán canción delante de vosotros, y todos los árboles del campo darán palmadas de aplauso.

ISAÍAS 55:8-9,12, RV60

Dios el Señor destruirá a la muerte para siempre, enjugará de todos los rostros toda lágrima, y borrará de toda la tierra la afrenta de su pueblo. El Señor lo ha dicho. En aquel día se dirá: «¡Éste es nuestro Dios! ¡Éste es el Señor, a quien hemos esperado! ¡Él nos salvará! ¡Nos regocijaremos y nos alegraremos en su salvación!»

ISAÍAS 25:8-9, RVC

Las intenciones de la carne llevan a la enemistad contra Dios; porque no se sujetan a la ley de Dios, ni tampoco pueden; además, los que viven según la carne no pueden agradar a Dios. Pero ustedes no viven según las intenciones de la carne, sino según el Espíritu, si es que el Espíritu de Dios habita en ustedes. Y si alguno no tiene el Espíritu de Cristo, no es de él.

ROMANOS 8:7-9, RVC

Los que aman tus enseñanzas tienen mucha paz y no tropiezan. Anhelo que me rescates, Señor, por eso, he obedecido tus mandatos. Obedecí tus leyes, porque las amo mucho. Así es, obedezco tus leyes y tus mandamientos porque tú sabes todo lo que hago. Oh Señor, escucha mi clamor; dame la capacidad de discernir que me prometiste.

SALMO 119:165-169, NTV

(...) y haré que con sus labios digan: "Paz al que está lejos; paz al que está cerca". Yo, el Señor, prometo que los sanaré». Pero los impíos son como el mar en tempestad, cuyas aguas no pueden estarse quietas, y en su movimiento arrojan cieno y lodo. Por eso mi Dios ha dicho: «No hay paz para los impíos».

ISAÍAS 57:19,21, RVC

Porque los brazos de los impíos serán quebrados; mas el que sostiene a los justos es Jehová. Conoce Jehová los días de los perfectos, y la heredad de ellos será para siempre. No serán avergonzados en el mal tiempo, y en los días de hambre serán saciados.

SALMOS 37:17-19, RV60

Porque Dios, que mandó que de las tinieblas resplandeciese la luz, es el que resplandeció en nuestros corazones, para iluminación del conocimiento de la gloria de Dios en la faz de Jesucristo (...) que estamos atribulados en todo, mas no angustiados; en apuros, mas no desesperados; perseguidos, mas no desamparados; derribados, pero no destruidos.

2 CORINTIOS 4:6,8-9, RV60

¡Que el Dios de la esperanza los llene de todo gozo y paz en la fe, para que rebosen de esperanza por el poder del Espíritu Santo!

ROMANOS 15:13, RVC

Pues el reino de Dios no se trata de lo que comemos o bebemos, sino de llevar una vida de bondad, paz y alegría en el Espíritu Santo. Si tú sirves a Cristo con esa actitud, agradarás a Dios y también tendrás la aprobación de los demás. Por lo tanto, procuremos que haya armonía en la iglesia y tratemos de edificarnos unos a otros.

ROMANOS 14:17-19, NTV

Qué hacer
cuando estés...
APARTADO DE DIOS

¡Despierta! Fortalece lo poco que te queda, porque hasta lo que queda está a punto de morir. Veo que tus acciones no cumplen con los requisitos de mi Dios. Yo sé todo lo que haces, que no eres ni frío ni caliente. ¡Cómo quisiera que fueras lo uno o lo otro!; pero ya que eres tibio, ni frío ni caliente, ¡te escupiré de mi boca! Yo corrijo y disciplino a todos los que amo. Por lo tanto, sé diligente y arrepiéntete de tu indiferencia.

APOCALIPSIS 3:2,15-16,19, NTV

Pero tengo contra ti que has abandonado tu primer amor. Así que ponte a pensar en qué has fallado, y arrepiéntete, y vuelve a actuar como al principio. De lo contrario, vendré a ti y, si no te arrepientes, quitaré tu candelero de su lugar. El que tenga oídos, que oiga lo que el Espíritu dice a las iglesias. Al que salga vencedor, le permitiré comer del árbol de la vida, el cual está en medio del paraíso de Dios.

APOCALIPSIS 2:4-5,7, RVC

Vuélvete al Señor y, con las mejores palabras suplicantes, dile: «No te fijes en nuestra maldad; mira lo bueno en nosotros; la ofrenda que te traemos son las palabras de nuestros labios». «Yo sanaré su rebelión. Los amaré de pura gracia, porque mi ira se ha apartado de ellos». ¿Hay alguien lo bastante sabio para entender esto? ¿Hay alguien con inteligencia para reconocerlo? Porque los caminos del Señor son rectos, y los justos los seguirán. Pero los rebeldes tropezarán en ellos.

Oseas 14:2,4,9, RVC

No agregues ni quites nada a estos mandatos que te doy. Simplemente obedece los mandatos del Señor tu Dios que te doy. Síguelos al pie de la letra y darás a conocer tu sabiduría y tu inteligencia a las naciones vecinas. Cuando esas naciones se enteren de todos estos decretos, exclamarán: «¡Qué sabio y prudente es el pueblo de esa gran nación!». ¡Pero cuidado! Asegúrate de nunca olvidar lo que viste con tus propios ojos. ¡No dejes que esas experiencias se te borren de la mente mientras vivas! Y asegúrate de transmitirlas a tus hijos y a tus nietos.

Deuteronomio 4:2,6,9, NTV

No imiten las conductas ni las costumbres de este mundo, más bien dejen que Dios los transforme en personas nuevas al cambiarles la manera de pensar. Entonces aprenderán a conocer la voluntad de Dios para ustedes, la cual es buena, agradable y perfecta.

Romanos 12:2, NTV

El que en integridad camina será salvo; mas el de perversos caminos caerá en alguno.

Proverbios 28:18, RV60

El de vida íntegra vive confiado; el de conducta perversa será descubierto. La boca del justo es un manantial de vida, pero la boca del impío disimula su violencia.

PROVERBIOS 10:9,11, RVC

Si confesamos nuestros pecados, él es fiel y justo para perdonar nuestros pecados, y limpiarnos de toda maldad. Si decimos que no hemos pecado, le hacemos a él mentiroso, y su palabra no está en nosotros.

1 JUAN 1:9-10, RV60

Ten por cierto que, así como un padre disciplina a su hijo, el Señor tu Dios te disciplina para tu propio bien. Por lo tanto, obedece los mandatos del Señor tu Dios andando en sus caminos y temiéndolo. Sin embargo, ¡ese es el momento cuando debes tener mucho cuidado! En tu abundancia, ten cuidado de no olvidar al Señor tu Dios al desobedecer los mandatos, las ordenanzas y los decretos que te entrego hoy. Pero una cosa te aseguro: si alguna vez te olvidas del Señor tu Dios y sigues a otros dioses, y les rindes culto y te inclinas ante ellos, sin duda serás destruido.

DEUTERONOMIO 8:5-6,11,19, NTV

Si nos hubiésemos olvidado del nombre de nuestro Dios, o alzado nuestras manos a dios ajeno, ¿no demandaría Dios esto? Porque él conoce los secretos del corazón.

SALMO 44:20-21, RV60

Por lo tanto, amados hermanos, ¡cuidado! Asegúrense de que ninguno de ustedes tenga un corazón maligno e incrédulo que los aleje del Dios vivo. Adviértanse unos a otros todos los días mientras dure ese «hoy», para que ninguno sea engañado por el pecado y se endurezca contra Dios.

HEBREOS 3:12-13, NTV

Acerca de esto tenemos mucho que decir, aunque no es fácil explicarlo porque ustedes son lentos para entender. Aunque después de tanto tiempo ya debieran ser maestros, todavía es necesario que se les vuelva a enseñar lo más elemental de las palabras de Dios. Esto es tan así que lo que necesitan es leche, y no alimento sólido.

HEBREOS 5:11-12, RVC

Gracias al conocimiento de nuestro Señor y Salvador Jesucristo, habían logrado escapar de las contaminaciones del mundo, pero volvieron a enredarse en ellas y fueron vencidos, con lo que su estado final fue peor que el primero. Les hubiera sido mejor no haber conocido el camino de la justicia, que volverse atrás después de haber conocido y recibido el santo mandamiento.

2 PEDRO 2:20-21, RVC

Así ha dicho el Señor: «Deténganse en los caminos y pregunten por los senderos de otros tiempos; miren bien cuál es el buen camino, y vayan por él. Así hallarán ustedes el descanso necesario. Pero ustedes dijeron: «No iremos por allí».

JEREMÍAS 6:16, RVC

«Desde los días de sus antepasados, han despreciado mis decretos y los han desobedecido. Ahora, vuelvan a mí y yo volveré a ustedes», dice el Señor de los Ejércitos Celestiales. «Pero ustedes preguntan: "¿Cómo podemos volver cuando nunca nos fuimos?"».

MALAQUÍAS 3:7, NTV

Qué hacer
cuando estés...
DUDOSO ACERCA
DE DIOS

Jesús les dijo: «Tengan fe en Dios. Porque de cierto les digo que cualquiera que diga a este monte: "¡Quítate de ahí y échate en el mar!", su orden se cumplirá, siempre y cuando no dude en su corazón, sino que crea que se cumplirá. Por tanto, les digo: Todo lo que pidan en oración, crean que lo recibirán, y se les concederá. Y cuando oren, si tienen algo contra alguien, perdónenlo, para que también su Padre que está en los cielos les perdone a ustedes sus ofensas».

Marcos 11:22-25, RVC

Así que no se preocupen ni se angustien por lo que han de comer, ni por lo que han de beber. Todo esto lo busca la gente de este mundo, pero el Padre sabe que ustedes tienen necesidad de estas cosas. Busquen ustedes el reino de Dios, y todas estas cosas les serán añadidas.

Lucas 12:29-31, RVC

Yo anuncio desde un principio lo que está por venir; yo doy a conocer por anticipado lo que aún no ha sucedido. Yo digo: «Mi consejo permanecerá, y todo lo que quiero hacer lo haré».

Isaías 46:10-11, RVC

Y no se debilitó en la fe al considerar su cuerpo, que estaba ya como muerto (siendo de casi cien años, o la esterilidad de la matriz de Sara. Tampoco dudó, por incredulidad, de la promesa de Dios, sino que se fortaleció en fe, dando gloria a Dios, plenamente convencido de que era también poderoso para hacer todo lo que había prometido.

ROMANOS 4:19-21, RV60

Y el mismo Dios de paz os santifique por completo; y todo vuestro ser, espíritu, alma y cuerpo, sea guardado irreprensible para la venida de nuestro Señor Jesucristo. Fiel es el que os llama, el cual también lo hará.

1 TESALONICENSES 5:23-24, RV60

El Señor no se tarda para cumplir su promesa, como algunos piensan, sino que nos tiene paciencia y no quiere que ninguno se pierda, sino que todos se vuelvan a él.

2 PEDRO 3:9, RVC

El camino de Dios es perfecto; la palabra del Señor, acrisolada; Dios es el escudo de los que en él confían. ¡Aparte del Señor, no hay otro Dios! ¡Aparte de nuestro Dios, no hay otra Roca! Dios es quien me infunde fuerzas; Dios es quien endereza mi camino. Me pusiste sobre un terreno espacioso, para que mis pies no resbalaran.

SALMO 18:30-32,36, RVC

Queridos amigos, no se sorprendan de las pruebas de fuego por las que están atravesando, como si algo extraño les sucediera. En cambio, alégrense mucho, porque estas pruebas los hacen ser partícipes con Cristo de su sufrimiento, para que tengan la inmensa alegría de ver su gloria cuando sea revelada a todo el mundo. Si los insultan porque llevan el nombre de Cristo, serán bendecidos, porque el glorioso Espíritu de Dios reposa sobre ustedes.

1 Pedro 4:12-14, NTV

Así que la fe es por el oír, y el oír, por la palabra de Dios.

Romanos 10:17, RV60

Inclinen su oído, y vengan a mí; escuchen y vivirán. Yo haré con ustedes un pacto eterno, que es el de mi invariable misericordia por David. Busquen al Señor mientras pueda ser hallado; llámenlo mientras se encuentre cerca. Así como la lluvia y la nieve caen de los cielos, y no vuelven allá, sino que riegan la tierra y la hacen germinar y producir, con lo que dan semilla para el que siembra y pan para el que come, así también mi palabra, cuando sale de mi boca, no vuelve a mí vacía, sino que hace todo lo que yo quiero, y tiene éxito en todo aquello para lo cual la envié.

Isaías 55:3,6,10-11, RVC

Porque los montes se moverán, y los collados temblarán, pero no se apartará de ti mi misericordia, ni el pacto de mi paz se quebrantará, dijo Jehová, el que tiene misericordia de ti.

Isaías 54:10, RV60

QUÉ HACER

cuando…

Qué hacer cuando...
NO TE SIENTES
IMPORTANTE

Todo lo puedo en Cristo que me fortalece.

FILIPENSES 4:13, RV60

Así que podemos decir con toda confianza: «El Señor es quien me ayuda, por tanto, no temeré. ¿Qué me puede hacer un simple mortal?».

HEBREOS 13:6, NTV

Estoy persuadido de que el que comenzó en ustedes la buena obra, la perfeccionará hasta el día de Jesucristo.

FILIPENSES 1:6, RVC

Por lo tanto, no desechen la firme confianza que tienen en el Señor. ¡Tengan presente la gran recompensa que les traerá! Perseverar con paciencia es lo que necesitan ahora para seguir haciendo la voluntad de Dios. Entonces recibirán todo lo que él ha prometido.

HEBREOS 10:35-36, NTV

Amados, si nuestro corazón no nos reprende, confianza tenemos en Dios.

1 JUAN 3:21, RV60

(...) sean ustedes plenamente capaces de comprender, con todos los santos, cuál es la anchura, la longitud, la profundidad y la altura del amor de Cristo; en fin, que conozcan ese amor, que excede a todo conocimiento, para que sean llenos de toda la plenitud de Dios.

EFESIOS 3:18-19, RVC

En cuanto a la pasada manera de vivir, despojaos del viejo hombre, que está viciado conforme a los deseos engañosos, y renovaos en el espíritu de vuestra mente.

EFESIOS 4:22-23, RV60

De igual manera, el Espíritu nos ayuda en nuestra debilidad, pues no sabemos qué nos conviene pedir, pero el Espíritu mismo intercede por nosotros con gemidos indecibles. Pero el que examina los corazones sabe cuál es la intención del Espíritu, porque intercede por los santos conforme a la voluntad de Dios.

ROMANOS 8:26-27, RVC

¡Bendice, alma mía, al Señor, y no olvides ninguna de sus bendiciones! El Señor perdona todas tus maldades, y sana todas tus dolencias.

SALMO 103:2-3, RVC

(...) pero los que esperan a Jehová tendrán nuevas fuerzas; levantarán alas como las águilas; correrán, y no se cansarán; caminarán, y no se fatigarán.

ISAÍAS 40:31, RV60

Y ésta es la confianza que tenemos en él: si pedimos algo según su voluntad, él nos oye. Y si sabemos que él nos oye en cualquiera cosa que pidamos, también sabemos que tenemos las peticiones que le hayamos hecho.

1 Juan 5:14-15, RVC

Entonces respondió y me habló diciendo: Esta es palabra de Jehová a Zorobabel, que dice: No con ejército, ni con fuerza, sino con mi Espíritu, ha dicho Jehová de los ejércitos.

Zacarías 4:6, RV60

Cuando pases por las aguas, yo estaré contigo; y si por los ríos, no te anegarán. Cuando pases por el fuego, no te quemarás, ni la llama arderá en ti.

Isaías 43:2, RV60

Gracias a Cristo y a nuestra fe en él, podemos entrar en la presencia de Dios con toda libertad y confianza.

Efesios 3:12, NTV

No temerás que de repente te asalten las calamidades que merecen los impíos. El Señor te infundirá confianza, y evitará que tus pies queden atrapados.

Proverbios 3:25-26, RVC

De cierto, de cierto les digo: El que cree en mí, hará también las obras que yo hago; y aun mayores obras hará, porque yo voy al Padre.

Juan 14:12, RVC

Qué hacer cuando...
LOS PROBLEMAS
GOLPEAN TU VIDA

El Señor es bueno; es un refugio en el día de la angustia.
El Señor conoce a los que en él confían.

NAHÚM 1:7, RVC

(...) que estamos atribulados en todo, mas no angustiados;
en apuros, mas no desesperados; perseguidos, mas no desamparados; derribados, pero no destruidos (...)

2 CORINTIOS 4:8-9, RV60

No se turbe su corazón. Ustedes creen en Dios; crean también en mí.

JUAN 14:1, RVC

Cuando me encuentre angustiado, tú me infundirás nueva
vida; me defenderás de la ira de mis enemigos, y con tu diestra me levantarás victorioso.

SALMO 138:7, RVC

Y sabemos que a los que aman a Dios, todas las cosas les
ayudan a bien, esto es, a los que conforme a su propósito son
llamados.

ROMANOS 8:28, RV60

Y guiaré a los ciegos por camino que no sabían, les haré andar por sendas que no habían conocido; delante de ellos cambiaré las tinieblas en luz, y lo escabroso en llanura. Estas cosas les haré, y no los desampararé.

ISAÍAS 42:16, RV60

Yo me lleno de alegría por tu misericordia, pues tú has tomado en cuenta mi aflicción y conoces las angustias de mi alma.

SALMO 31:7, RVC

Alzaré mis ojos a los montes; ¿de dónde vendrá mi socorro? Mi socorro viene de Jehová, que hizo los cielos y la tierra.

SALMO 121:1-2, RV60

Así que, no se preocupen por el día de mañana, porque el día de mañana traerá sus propias preocupaciones. ¡Ya bastante tiene cada día con su propio mal!

MATEO 6:34, RVC

Ciertamente volverán los redimidos de Jehová; volverán a Sion cantando, y gozo perpetuo habrá sobre sus cabezas; tendrán gozo y alegría, y el dolor y el gemido huirán.

ISAÍAS 51:11, RV60

Pongan todas sus preocupaciones y ansiedades en las manos de Dios, porque él cuida de ustedes.

1 PEDRO 5:7, NTV

Nuestro Sumo Sacerdote comprende nuestras debilidades, porque enfrentó todas y cada una de las pruebas que enfrentamos nosotros, sin embargo, él nunca pecó. Así que acerquémonos con toda confianza al trono de la gracia de nuestro Dios. Allí recibiremos su misericordia y encontraremos la gracia que nos ayudará cuando más la necesitemos.

HEBREOS 4:14-16, NTV

Bendito sea el Dios y Padre de nuestro Señor Jesucristo, Padre de misericordias y Dios de toda consolación, quien nos consuela en todas nuestras tribulaciones, para que también nosotros podamos consolar a los que están sufriendo, por medio de la consolación con que nosotros somos consolados por Dios.

2 CORINTIOS 1:3-4, RVC

No se preocupen por nada; en cambio, oren por todo. Díganle a Dios lo que necesitan y denle gracias por todo lo que él ha hecho. Así experimentarán la paz de Dios, que supera todo lo que podemos entender. La paz de Dios cuidará su corazón y su mente mientras vivan en Cristo Jesús.

FILIPENSES 4:6-7, NTV

Qué hacer cuando...
PADECES UNA
ENFERMEDAD FÍSICA

Amado, deseo que seas prosperado en todo, y que tengas salud, a la vez que tu alma prospera.

3 JUAN 2, RVC

Jesús recorrió todas las ciudades y aldeas de esa región, enseñando en las sinagogas y anunciando la Buena Noticia acerca del reino; y sanaba toda clase de enfermedades y dolencias.

MATEO 9:35, NTV

Toda la gente procuraba tocarlo, porque de él salía un poder que sanaba a todos.

LUCAS 6:19, RVC

Jesucristo es el mismo ayer, y hoy, y por los siglos.

HEBREOS 13:8, RV60

Él mismo llevó en su cuerpo nuestros pecados al madero, para que nosotros, muertos ya al pecado, vivamos para la justicia. Por sus heridas fueron ustedes sanados.

1 PEDRO 2:24, RVC

El Señor perdona todas tus maldades, y sana todas tus dolencias.

Salmo 103:3, RVC

¿Hay entre ustedes algún enfermo? Que se llame a los ancianos de la iglesia, para que oren por él y lo unjan con aceite en el nombre del Señor. La oración de fe sanará al enfermo, y el Señor lo levantará de su lecho. Si acaso ha pecado, sus pecados le serán perdonados.

Santiago 5:14-15, RVC

Y estas señales seguirán a los que creen: En mi nombre echarán fuera demonios; hablarán nuevas lenguas; tomarán en las manos serpientes, y si bebieren cosa mortífera, no les hará daño; sobre los enfermos pondrán sus manos, y sanarán.

Marcos 16:17-18, RV60

Pero él fue traspasado por nuestras rebeliones y aplastado por nuestros pecados. Fue golpeado para que nosotros estuviéramos en paz; fue azotado para que pudiéramos ser sanados.

Isaías 53:5, NTV

¡Sáname, Señor, y recobraré la salud! ¡Sálvame, y quedaré a salvo! ¡Tú eres la razón de mi alabanza!

Jeremías 17:14, RVC

Envió su palabra, y los sanó, y los libró de su ruina.

Salmo 107:20, RV60

«(...) yo te devolveré la salud y sanaré tus heridas».
—Palabra del Señor.

Jeremías 30:17, RVC

Les dijo: «Si ustedes escuchan atentamente la voz del Señor su Dios y hacen lo que es correcto ante sus ojos, obedeciendo sus mandatos y cumpliendo todos sus decretos, entonces no les enviaré ninguna de las enfermedades que envié a los egipcios; porque yo soy el Señor, quien los sana».

Éxodo 15:26, NTV

Hijo mío, presta atención a mis palabras; inclina tu oído para escuchar mis razones. No las pierdas de vista; guárdalas en lo más profundo de tu corazón. Ellas son vida para quienes las hallan; son la medicina para todo su cuerpo.

Proverbios 4:20-22, RVC

El centurión le respondió: «Señor, yo no soy digno de que entres a mi casa. Pero una sola palabra tuya bastará para que mi criado sane».

Mateo 8:8, RVC

Qué hacer cuando...
TIENES NECESIDAD
ECONÓMICA

Toda labor rinde sus frutos, pero hablar por hablar empobrece.

PROVERBIOS 14:23, RVC

Por Jehová son ordenados los pasos del hombre, y él aprueba su camino. Cuando el hombre cayere, no quedará postrado, porque Jehová sostiene su mano. Joven fui, y he envejecido, y no he visto justo desamparado, ni su descendencia que mendigue pan.

SALMO 37:23-25, RV60

Hasta los leones jóvenes y fuertes a veces pasan hambre, pero a los que confían en el Señor no les faltará ningún bien.

SALMO 34:10, NTV

Jehová es mi pastor; nada me faltará.

SALMO 23:1, RV60

Si escuchas la voz del Señor tu Dios, todas estas bendiciones vendrán sobre ti, y te alcanzarán: Bendito serás tú en la ciudad, y bendito en el campo. Bendito será el fruto de tu vientre, el fruto de tu tierra, el fruto de tus bestias, y las crías de tus vacas y los rebaños de tus ovejas. Benditas serán tu canasta y tu artesa de amasar. Bendito serás cuando entres, y bendito cuando salgas. El Señor derrotará a tus enemigos que se levanten contra ti. Por un camino saldrán contra ti, y por siete caminos huirán de ti. El Señor enviará su bendición sobre tus graneros y sobre todo aquello en que pongas tu mano, y te bendecirá en la tierra que el Señor tu Dios te da.

DEUTERONOMIO 28:2-8, RVC

En el país que el Señor juró a tus padres que te daría, el Señor hará que sobreabundes en bienes, y en el fruto de tu vientre, y en el fruto de tus animales, y en el fruto de tu tierra. El Señor te abrirá su tesoro de bondad, que es el cielo, y en su tiempo te enviará la lluvia a tu tierra, y bendecirá todo lo que hagas con tus manos. Harás préstamos a muchas naciones, pero tú no pedirás prestado nada. El Señor te pondrá por cabeza, no por cola. Estarás por encima de todo, nunca por debajo, siempre y cuando obedezcas y cumplas los mandamientos del Señor tu Dios, que hoy te ordeno cumplir.

DEUTERONOMIO 28:11-13, RVC

El Señor tu Dios te introduce en una buena tierra. Es una tierra de arroyos y aguas, de fuentes y de manantiales que brotan en vegas y montes; es tierra de trigo y de cebada; de vides, higueras y granados; es tierra de olivos, de aceite y de miel; es tierra donde nunca comerás el pan con escasez, ni nada en ella te faltará; es tierra cuyas piedras son de hierro, y de cuyos montes extraerás cobre. Y comerás y quedarás satisfecho, y bendecirás al Señor tu Dios por la buena tierra que te habrá dado. ¡Cuidado! No vayas a olvidarte del

Señor tu Dios, ni de cumplir sus mandamientos, sus decretos y sus estatutos, que hoy te ordeno cumplir. No vaya a ser que luego de que comas y te sacies, y edifiques buenas casas y las habites, y tus vacas y tus ovejas aumenten en número, y la plata y el oro se te multipliquen, y todo lo que tengas aumente, tu corazón se enorgullezca y te olvides del Señor tu Dios, que te sacó de la tierra de Egipto, donde eras esclavo. Más bien, acuérdate del Señor tu Dios, porque él es quien te da el poder de ganar esas riquezas, a fin de confirmar el pacto que hizo con tus padres, como en este día.

DEUTERONOMIO 8:7-14,18, RVC

¡Del Señor son la tierra y su plenitud! ¡Del Señor es el mundo y sus habitantes!

SALMO 24:1, RVC

Por lo tanto, no se preocupen ni se pregunten «¿Qué comeremos, o qué beberemos, o qué vestiremos?». Porque la gente anda tras todo esto, pero su Padre celestial sabe que ustedes tienen necesidad de todas estas cosas. Por lo tanto, busquen primeramente el reino de Dios y su justicia, y todas estas cosas les serán añadidas. Así que, no se preocupen por el día de mañana, porque el día de mañana traerá sus propias preocupaciones. ¡Ya bastante tiene cada día con su propio mal!

MATEO 6:31-34, RVC

Así que mi Dios suplirá todo lo que les falte, conforme a sus riquezas en gloria en Cristo Jesús.

FILIPENSES 4:19, RVC

Dios da sabiduría, conocimiento y alegría a quienes son de su agrado; pero si un pecador se enriquece, Dios le quita las riquezas y se las da a quienes le agradan. Eso tampoco tiene sentido, es como perseguir el viento.

ECLESIASTÉS 2:26, NTV

Sé vivir humildemente, y sé tener abundancia; en todo y por todo estoy enseñado, así para estar saciado como para tener hambre, así para tener abundancia como para padecer necesidad. Todo lo puedo en Cristo que me fortalece.

FILIPENSES 4:12-13, RV60

Porque los que quieren enriquecerse caen en tentación y lazo, y en muchas codicias necias y dañosas, que hunden a los hombres en destrucción y perdición; porque raíz de todos los males es el amor al dinero, el cual codiciando algunos, se extraviaron de la fe, y fueron traspasados de muchos dolores.

1 TIMOTEO 6:9-10, RV60

Den, y recibirán. Lo que den a otros les será devuelto por completo: apretado, sacudido para que haya lugar para más, desbordante y derramado sobre el regazo. La cantidad que den determinará la cantidad que recibirán a cambio.

LUCAS 6:38, NTV

Cada primer día de la semana cada uno de vosotros ponga aparte algo, según haya prosperado (...)

1 CORINTIOS 16:2, RV60

Sanen enfermos, limpien leprosos, resuciten muertos y expulsen demonios. Den gratuitamente lo que gratuitamente recibieron.

MATEO 10:8, RVC

Entreguen completos los diezmos en mi tesorería, y habrá alimento en mi templo. Con esto pueden ponerme a prueba: verán si no les abro las ventanas de los cielos y derramo sobre ustedes abundantes bendiciones. Lo digo yo, el Señor de los ejércitos. Además, reprenderé a esos insectos que todo lo devoran, para que no destruyan los productos de la tierra, ni dejen sin uvas sus viñedos. Lo digo yo, el Señor de los ejércitos. Todas las naciones dirán que ustedes son bienaventurados, porque serán una nación envidiable. Lo digo yo, el Señor de los ejércitos.

MALAQUÍAS 3:10-12, RVC

Pero esto digo: El que siembra escasamente, también segará escasamente; y el que siembra generosamente, generosamente también segará. Cada uno dé como propuso en su corazón: no con tristeza, ni por necesidad, porque Dios ama al dador alegre. Y poderoso es Dios para hacer que abunde en vosotros toda gracia, a fin de que, teniendo siempre en todas las cosas todo lo suficiente, abundéis para toda buena obra.

2 CORINTIOS 9:6-8, RV60

Cualquiera que, por causa de mi nombre, haya dejado casas, hermanos, hermanas, padre, madre, mujer, hijos, o tierras, recibirá cien veces más, y también heredará la vida eterna.

MATEO 19:29, RVC

Nunca se apartará de tu boca este libro de la ley, sino que de día y de noche meditarás en él, para que guardes y hagas conforme a todo lo que en él está escrito; porque entonces harás prosperar tu camino, y todo te saldrá bien.

Josué 1:8, RV60

La gente buena deja una herencia a sus nietos, pero la riqueza de los pecadores pasa a manos de los justos.

Proverbios 13:22, NTV

Nadie puede servir a dos amos, pues odiará a uno y amará al otro, o estimará a uno y menospreciará al otro. Ustedes no pueden servir a Dios y a las riquezas. Por lo tanto les digo: No se preocupen por su vida, ni por qué comerán o qué beberán; ni con qué cubrirán su cuerpo. ¿Acaso no vale más la vida que el alimento, y el cuerpo más que el vestido?

Mateo 6:24-25, RVC

¿Quién me ha dado algo para que tenga que pagárselo? Todo lo que hay debajo del cielo es mío.

Job 41:11, NTV

A los ricos de este siglo manda que no sean altivos, ni pongan la esperanza en las riquezas, las cuales son inciertas, sino en el Dios vivo, que nos da todas las cosas en abundancia para que las disfrutemos. Que hagan bien, que sean ricos en buenas obras, dadivosos, generosos; atesorando para sí buen fundamento para lo por venir, que echen mano de la vida eterna.

1 Timoteo 6:17-19, RV60

Qué hacer cuando...
ALGUIEN CERCANO A TI SE MUERE

Hermanos, no queremos que ustedes se queden sin saber lo que pasará con los que ya han muerto, ni que se pongan tristes, como los que no tienen esperanza. Así como creemos que Jesús murió y resucitó, así también Dios levantará con Jesús a los que murieron en él.

1 Tesalonicenses 4:13-14, RVC

Pues el Señor ha consolado a su pueblo y le tendrá compasión en medio de su sufrimiento.

Isaías 49:13, NTV

Cuando pases por las aguas, yo estaré contigo; cuando cruces los ríos, no te anegarán. Cuando pases por el fuego, no te quemarás, ni las llamas arderán en ti. Yo soy el Señor, tu Dios. Yo soy tu salvador, el Santo de Israel.

Isaías 43:2-3, RVC

Y el mismo Jesucristo Señor nuestro, y Dios nuestro Padre, el cual nos amó y nos dio consolación eterna y buena esperanza por gracia, conforte vuestros corazones, y os confirme en toda buena palabra y obra.

2 Tesalonicenses 2:16-17, RV60

Bienaventurados los que lloran, porque ellos recibirán consolación.

MATEO 5:4, RVC

Bendito sea el Dios y Padre de nuestro Señor Jesucristo, Padre de misericordias y Dios de toda consolación, quien nos consuela en todas nuestras tribulaciones, para que también nosotros podamos consolar a los que están sufriendo, por medio de la consolación con que nosotros somos consolados por Dios. Porque así como abundan en nosotros las aflicciones de Cristo, así también por el mismo Cristo abunda nuestra consolación.

2 CORINTIOS 1:3-5, RVC

Señor, ten misericordia de mí, y envíame tu salvación, como lo has prometido. En mi aflicción, ellas son mi consuelo; pues tu palabra me infunde nueva vida.

SALMO 119:41,50, RVC

Pongan todas sus preocupaciones y ansiedades en las manos de Dios, porque él cuida de ustedes.

1 PEDRO 5:7, NTV

El Espíritu del Señor Soberano está sobre mí, porque el Señor me ha ungido para llevar buenas noticias a los pobres. Me ha enviado para consolar a los de corazón quebrantado y a proclamar que los cautivos serán liberados y que los prisioneros serán puestos en libertad. Él me ha enviado para anunciar a los que se lamentan que ha llegado el tiempo del favor del Señor junto con el día de la ira de Dios contra sus enemigos. A todos los que se lamentan en Israel les dará una corona de belleza en lugar de cenizas, una gozosa bendición en lugar de luto, una festiva alabanza en lugar de desesperación. Ellos, en su justicia, serán como grandes robles que el Señor ha plantado para su propia gloria.

ISAÍAS 61:1-3, NTV

Dios enjugará las lágrimas de los ojos de ellos, y ya no habrá muerte, ni más llanto, ni lamento ni dolor; porque las primeras cosas habrán dejado de existir.

APOCALIPSIS 21:4, RVC

¿Dónde está, oh muerte, tu aguijón? ¿Dónde, oh sepulcro, tu victoria?, ya que el aguijón de la muerte es el pecado, y el poder del pecado, la ley. Mas gracias sean dadas a Dios, que nos da la victoria por medio de nuestro Señor Jesucristo.

1 CORINTIOS 15:55-57, RV60

Aunque ande en valle de sombra de muerte, no temeré mal alguno, porque tú estarás conmigo; tu vara y tu cayado me infundirán aliento. Aderezas mesa delante de mí en presencia de mis angustiadores; unges mi cabeza con aceite; mi copa está rebosando.

SALMO 23:4, RV60

Por lo tanto, ya que tenemos un gran Sumo Sacerdote que entró en el cielo, Jesús el Hijo de Dios, aferrémonos a lo que creemos. Nuestro Sumo Sacerdote comprende nuestras debilidades, porque enfrentó todas y cada una de las pruebas que enfrentamos nosotros, sin embargo, él nunca pecó. Así que acerquémonos con toda confianza al trono de la gracia de nuestro Dios. Allí recibiremos su misericordia y encontraremos la gracia que nos ayudará cuando más la necesitemos.

Hebreos 4:14-16, NTV

No temas, porque yo estoy contigo; no desmayes, porque yo soy tu Dios que te esfuerzo; siempre te ayudaré, siempre te sustentaré con la diestra de mi justicia.

Isaías 41:10, RV60

Ciertamente volverán los redimidos de Jehová; volverán a Sion cantando, y gozo perpetuo habrá sobre sus cabezas; tendrán gozo y alegría, y el dolor y el gemido huirán.

Isaías 51:11, RV60

Sí, estamos plenamente confiados, y preferiríamos estar fuera de este cuerpo terrenal porque entonces estaríamos en el hogar celestial con el Señor. Así que, ya sea que estemos aquí en este cuerpo o ausentes de este cuerpo, nuestro objetivo es agradarlo a él. Pues todos tendremos que estar delante de Cristo para ser juzgados. Cada uno de nosotros recibirá lo que merezca por lo bueno o lo malo que haya hecho mientras estaba en este cuerpo terrenal.

2 Corintios 5:8-10, NTV

Qué hacer cuando...
TE SIENTES
ABANDONADO

En ti confían los que conocen tu nombre, porque tú, Señor, proteges a los que te buscan.

SALMO 9:10, RVC

El Señor no rechazará a su pueblo, no abandonará a su posesión más preciada.

SALMO 94:14, NTV

Aunque mi padre y mi madre me dejaran, con todo, Jehová me recogerá.

SALMO 27:10, RV60

Enseñen a los nuevos discípulos a obedecer todos los mandatos que les he dado. Y tengan por seguro esto: que estoy con ustedes siempre, hasta el fin de los tiempos.

MATEO 28:20, NTV

Nunca más volverán a llamarte «Desamparada», ni a tu tierra le dirán «Desolada». Más bien, serás llamada «Deleite mío», y tu tierra será llamada «Esposa mía», porque el amor del Señor estará en ti, y tu tierra volverá a tener esposo.

ISAÍAS 62:4, RVC

(...) perseguidos, mas no desamparados; derribados, pero no destruidos.

2 C<small>ORINTIOS</small> 4:9, RV60

Pongan todas sus preocupaciones y ansiedades en las manos de Dios, porque él cuida de ustedes.

1 P<small>EDRO</small> 5:7, NTV

Pues Jehová no desamparará a su pueblo, por su grande nombre; porque Jehová ha querido haceros pueblo suyo.

1 S<small>AMUEL</small> 12:22, RV60

Joven fui, y he envejecido, y no he visto justo desamparado, ni su descendencia que mendigue pan.

S<small>ALMO</small> 37:25, RV60

Pues el Señor su Dios es Dios compasivo; no los abandonará, ni los destruirá, ni se olvidará del pacto solemne que hizo con sus antepasados.

D<small>EUTERONOMIO</small> 4:31, NTV

Los afligidos y menesterosos buscan agua, y no la encuentran; la sed les seca la lengua. Pero yo, el Señor, los he escuchado; yo, el Dios de Israel, no voy a desampararlos.

I<small>SAÍAS</small> 41:17, RVC

¿Por qué te desanimas, alma mía? ¿Por qué te inquietas dentro de mí? Espera en Dios, porque aún debo alabarlo. ¡Él es mi Dios! ¡Él es mi salvador!

S<small>ALMO</small> 43:5, RVC

El Señor dice: «Rescataré a los que me aman; protegeré a los que confían en mi nombre. Cuando me llamen, yo les responderé; estaré con ellos en medio de las dificultades. Los rescataré y los honraré».

SALMO 91:14-15, NTV

¿Se olvidará la mujer de lo que dio a luz, para dejar de compadecerse del hijo de su vientre? Aunque olvide ella, yo nunca me olvidaré de ti. He aquí que en las palmas de las manos te tengo esculpida.

ISAÍAS 49:15-16, RV60

Esfuércense y cobren ánimo; no teman, ni tengan miedo de ellos, porque contigo marcha el Señor tu Dios, y él no te dejará ni te desamparará.

DEUTERONOMIO 31:6, RVC

Qué hacer cuando...
NO ENTIENDES LOS
PLANES DE DIOS

Porque mis pensamientos no son vuestros pensamientos, ni vuestros caminos mis caminos, dijo Jehová. Como son más altos los cielos que la tierra, así son mis caminos más altos que vuestros caminos, y mis pensamientos más que vuestros pensamientos.

ISAÍAS 55:8-9, RV60

Clama a mí, y yo te responderé; te daré a conocer cosas grandes y maravillosas que tú no conoces.

JEREMÍAS 33:3, RVC

¿Qué, pues, diremos a esto? Si Dios es por nosotros, ¿quién contra nosotros?

ROMANOS 8:31, RV60

A ustedes no les ha sobrevenido ninguna tentación que no sea humana; pero Dios es fiel y no permitirá que ustedes sean sometidos a una prueba más allá de lo que puedan resistir, sino que junto con la prueba les dará la salida, para que puedan sobrellevarla.

1 CORINTIOS 10:13, RVC

¿Acaso hay algo que pueda separarnos del amor de Cristo? ¿Será que él ya no nos ama si tenemos problemas o aflicciones, si somos perseguidos o pasamos hambre o estamos en la miseria o en peligro o bajo amenaza de muerte? (Como dicen las Escrituras: «Por tu causa nos matan cada día; nos tratan como a ovejas en el matadero».) Claro que no, a pesar de todas estas cosas, nuestra victoria es absoluta por medio de Cristo, quien nos amó.

ROMANOS 8:35-37, NTV

Muchas son las aflicciones del justo, pero de todas ellas le librará Jehová.

SALMO 34:19, RV60

Y tú, Dios mío, ¡haz que esa gente descienda al profundo pozo de la perdición! ¡Esa gente sanguinaria y mentirosa no llegará a la mitad de su vida! Pero yo, siempre confiaré en ti.

SALMO 55:23, RVC

Amados hermanos, no se sorprendan de la prueba de fuego a que se ven sometidos, como si les estuviera sucediendo algo extraño. Al contrario, alégrense de ser partícipes de los sufrimientos de Cristo, para que también se alegren grandemente cuando la gloria de Cristo se revele.

1 PEDRO 4:12-13, RVC

No temas, porque yo estoy contigo; no desmayes, porque yo soy tu Dios que te esfuerzo; siempre te ayudaré, siempre te sustentaré con la diestra de mi justicia.

ISAÍAS 41:10, RV60

Y sabemos que a los que aman a Dios, todas las cosas les ayudan a bien, esto es, a los que conforme a su propósito son llamados.

Romanos 8:28, RV60

Venid y volvamos a Jehová; porque él arrebató, y nos curará; hirió, y nos vendará. Nos dará vida después de dos días; en el tercer día nos resucitará, y viviremos delante de él. Y conoceremos, y proseguiremos en conocer a Jehová; como el alba está dispuesta su salida, y vendrá a nosotros como la lluvia, como la lluvia tardía y temprana a la tierra.

Oseas 6:1-3, RV60

El camino de Dios es perfecto; la palabra del Señor, acrisolada; Dios es el escudo de los que en él confían.

Salmo 18:30, RVC

Mantengámonos firmes sin titubear en la esperanza que afirmamos, porque se puede confiar en que Dios cumplirá su promesa.

Hebreos 10:23, NTV

Haré con ellos un pacto eterno, y nunca dejaré de hacerles bien. Pondré mi temor en su corazón, para que no se aparten de mí.

Jeremías 32:40, RVC

Qué hacer cuando...
NADA PARECE ANDAR BIEN

¡Espera en el Señor! ¡Infunde a tu corazón ánimo y aliento! ¡Sí, espera en el Señor!

SALMO 27:14, NTV

Alma mía, en Dios solamente reposa, porque de él es mi esperanza.

SALMO 62:5, RV60

Con el alma esperamos en el Señor, pues él es nuestra ayuda y nuestro escudo.

SALMO 33:20, RVC

(...) pero los que esperan a Jehová tendrán nuevas fuerzas; levantarán alas como las águilas; correrán, y no se cansarán; caminarán, y no se fatigarán.

ISAÍAS 40:31, RV60

Aunque la visión tardará aún por un tiempo, mas se apresura hacia el fin, y no mentirá; aunque tardare, espéralo, porque sin duda vendrá, no tardará.

HABACUC 2:3, RV60

Mantengámonos firmes sin titubear en la esperanza que afirmamos, porque se puede confiar en que Dios cumplirá su promesa.

Hebreos 10:23, NTV

Los ojos de todos esperan en ti, y tú les das su comida a su tiempo. Abres tu mano, y colmas de bendición a todo ser viviente.

Salmo 145:15-16, NTV

Señor, toda mi vida he esperado en ti, y he confiado en tus promesas.

Salmo 130:5, RVC

Porque somos hechos participantes de Cristo, con tal que retengamos firme hasta el fin nuestra confianza del principio.

Hebreos 3:14, RV60

En aquel día se dirá: «¡Éste es nuestro Dios! ¡Éste es el Señor, a quien hemos esperado! ¡Él nos salvará! ¡Nos regocijaremos y nos alegraremos en su salvación!»

Isaías 25:9, RVC

Y ahora, hijitos, permanezcan en él para que, cuando se manifieste, tengamos confianza, y cuando venga no nos alejemos de él avergonzados.

1 Juan 2:28, RVC

En otro tiempo, ustedes eran oscuridad; pero ahora son luz en el Señor. Por tanto, vivan como hijos de luz (porque el fruto del Espíritu se manifiesta en toda bondad, justicia y verdad), y comprueben lo que es agradable al Señor. No tengan nada que ver con las obras infructuosas de las tinieblas; al contrario, denúncienlas.

EFESIOS 5:8-11, RVC

Así que tengan cuidado de cómo viven. No vivan como necios sino como sabios.

EFESIOS 5:15, NTV

Ya que nosotros pertenecemos al día, vivamos con decencia a la vista de todos. No participen en la oscuridad de las fiestas desenfrenadas y de las borracheras, ni vivan en promiscuidad sexual e inmoralidad, ni se metan en peleas, ni tengan envidia. Más bien, vístanse con la presencia del Señor Jesucristo. Y no se permitan pensar en formas de complacer los malos deseos.

ROMANOS 13:13-14, NTV

LA BIBLIA

es tu...

La Biblia es tu...
AUTORIDAD CONFIABLE

Toda la Escritura es inspirada por Dios, y útil para enseñar, para redargüir, para corregir, para instruir en justicia, a fin de que el hombre de Dios sea perfecto, enteramente preparado para toda buena obra.

2 Timoteo 3:16-17, RVC

Sobre todo, tienen que entender que ninguna profecía de la Escritura jamás surgió de la comprensión personal de los profetas ni por iniciativa humana. Al contrario, fue el Espíritu Santo quien impulsó a los profetas y ellos hablaron de parte de Dios.

2 Pedro 1:20-21, NTV

Porque la palabra de Dios es viva y eficaz, y más cortante que toda espada de dos filos; y penetra hasta partir el alma y el espíritu, las coyunturas y los tuétanos, y discierne los pensamientos y las intenciones del corazón. Y no hay cosa creada que no sea manifiesta en su presencia; antes bien todas las cosas están desnudas y abiertas a los ojos de aquel a quien tenemos que dar cuenta.

Hebreos 4:12-13, RV60

Así como la lluvia y la nieve caen de los cielos, y no vuelven allá, sino que riegan la tierra y la hacen germinar y producir, con lo que dan semilla para el que siembra y pan para el que come, así también mi palabra, cuando sale de mi boca, no vuelve a mí vacía, sino que hace todo lo que yo quiero, y tiene éxito en todo aquello para lo cual la envié.

ISAÍAS 55:10-11, RVC

También el Padre, que me envió, ha dado testimonio de mí. Ustedes nunca han oído su voz, ni han visto su aspecto. Ustedes escudriñan las Escrituras, porque les parece que en ellas tienen la vida eterna; ¡y son ellas las que dan testimonio de mí!

JUAN 5:37,39, RVC

El cielo y la tierra pasarán, pero mis palabras no pasarán.

MARCOS 13:31, RV60

Pues han nacido de nuevo pero no a una vida que pronto se acabará. Su nueva vida durará para siempre porque proviene de la eterna y viviente palabra de Dios. Como dicen las Escrituras: «Los seres humanos son como la hierba, su belleza es como la flor del campo. La hierba se seca y la flor se marchita. Pero la palabra del Señor permanece para siempre». Y esta palabra es el mensaje de la Buena Noticia que se les ha predicado.

1 PEDRO 1:23-25, NTV

Tu eterna palabra, oh Señor, se mantiene firme en el cielo.

SALMO 119:89, NTV

¡Que toda la tierra tema al Señor! ¡Que le teman todos los habitantes del mundo! El Señor habló, y todo fue creado; el Señor ordenó, y todo apareció.

SALMO 33:8-9, RVC

Las palabras de Dios son todas puras; Dios es el escudo de quienes en él confían.

PROVERBIOS 30:5, RVC

Pero los planes y pensamientos del Señor permanecen por todas las generaciones. Dichosa la nación cuyo Dios es el Señor, ¡el pueblo que él escogió como su propiedad!

SALMO 33:11-12, RVC

Porque todas las promesas de Dios en él son «Sí». Por eso, por medio de él también nosotros decimos «Amén», para la gloria de Dios.

2 CORINTIOS 1:20, RVC

La Biblia es tu...
MANERA DE
ALCANZAR EL ÉXITO

Y ahora los encomiendo a Dios y al mensaje de su gracia, que tiene poder para edificarlos y darles una herencia junto con todos los que él ha consagrado para sí mismo.

HECHOS 20:32, NTV

Ahora, ¡levántate! Pues me aparecí ante ti para designarte como mi siervo y testigo. Dile a la gente que me has visto y lo que te mostraré en el futuro. Sí, te envío a los gentiles para que les abras los ojos, a fin de que pasen de la oscuridad a la luz, y del poder de Satanás a Dios. Entonces recibirán el perdón de sus pecados y se les dará un lugar entre el pueblo de Dios, el cual es apartado por la fe en mí.

HECHOS 26:16,17-18, NTV

En la casa de mi Padre hay muchos aposentos. Si así no fuera, ya les hubiera dicho. Así que voy a preparar lugar para ustedes. Y si me voy y les preparo lugar, vendré otra vez, y los llevaré conmigo, para que donde yo esté, también ustedes estén.

JUAN 14:2-3, RVC

Pues ustedes no han recibido un espíritu que los esclavice nuevamente al miedo, sino que han recibido el espíritu de adopción, por el cual clamamos: ¡Abba, Padre! El Espíritu mismo da testimonio a nuestro espíritu, de que somos hijos de Dios. Y si somos hijos, somos también herederos; herederos de Dios y coherederos con Cristo, si es que padecemos juntamente con él, para que juntamente con él seamos glorificados.

ROMANOS 8:15-17, RVC

En él asimismo tuvimos herencia, habiendo sido predestinados conforme al propósito del que hace todas las cosas según el designio de su voluntad, a fin de que seamos para alabanza de su gloria, nosotros los que primeramente esperábamos en Cristo. En él también vosotros, habiendo oído la palabra de verdad, el evangelio de vuestra salvación, y habiendo creído en él, fuisteis sellados con el Espíritu Santo de la promesa, que es las arras de nuestra herencia hasta la redención de la posesión adquirida, para alabanza de su gloria.

EFESIOS 1:11-14, RV60

Y ahora que pertenecen a Cristo, son verdaderos hijos de Abraham. Son sus herederos, y la promesa de Dios a Abraham les pertenece a ustedes.

GÁLATAS 3:29, NTV

Ahora sabemos que, por medio del evangelio, los no judíos son coherederos y miembros del mismo cuerpo, y copartícipes de la promesa en Cristo Jesús.

EFESIOS 3:6, RVC

Entonces el Rey dirá a los de su derecha: Venid, benditos de mi Padre, heredad el reino preparado para vosotros desde la fundación del mundo.

MATEO 25:34, RV60

Pero gran ganancia es la piedad acompañada de contentamiento; porque nada hemos traído a este mundo, y sin duda nada podremos sacar. Así que, teniendo sustento y abrigo, estemos contentos con esto. Porque los que quieren enriquecerse caen en tentación y lazo, y en muchas codicias necias y dañosas, que hunden a los hombres en destrucción y perdición.

1 TIMOTEO 6:6-9, RV60

Porque todas las promesas de Dios en él son «Sí». Por eso, por medio de él también nosotros decimos «Amén», para la gloria de Dios. Y es Dios el que nos confirma con ustedes en Cristo, y es Dios el que nos ha ungido.

2 CORINTIOS 1:20-21, RVC

Trabajen de buena gana en todo lo que hagan, como si fuera para el Señor y no para la gente. Recuerden que el Señor los recompensará con una herencia y que el Amo a quien sirven es Cristo.

COLOSENSES 3:23-24, NTV

A eso se refieren las Escrituras cuando dicen: «Ningún ojo ha visto, ningún oído ha escuchado, ninguna mente ha imaginado lo que Dios tiene preparado para quienes lo aman».

1 CORINTIOS 2:9, NTV

Que toda la alabanza sea para Dios, el Padre de nuestro Señor Jesucristo. Es por su gran misericordia que hemos nacido de nuevo, porque Dios levantó a Jesucristo de los muertos. Ahora vivimos con gran expectación y tenemos una herencia que no tiene precio, una herencia que está reservada en el cielo para ustedes, pura y sin mancha, que no puede cambiar ni deteriorarse.

1 Pedro 1:3-4, NTV

Todas las cosas que pertenecen a la vida y a la piedad nos han sido dadas por su divino poder, mediante el conocimiento de aquel que nos llamó por su gloria y excelencia. Por medio de ellas nos ha dado preciosas y grandísimas promesas, para que por ellas ustedes lleguen a ser partícipes de la naturaleza divina, puesto que han huido de la corrupción que hay en el mundo por causa de los malos deseos.

2 Pedro 1:3-4, RVC

Espera en Jehová, y guarda su camino, y él te exaltará para heredar la tierra; cuando sean destruidos los pecadores, lo verás.

Salmo 37:34, RV60

La Biblia es tu...
GUÍA PARA LA VIDA

Lámpara es a mis pies tu palabra, y lumbrera a mi camino.
SALMO 119:105, RV60

Hijo mío, cumple el mandamiento de tu padre, y no te apartes de la enseñanza de tu madre. Llévalos siempre dentro de tu corazón; pórtalos alrededor de tu cuello. Serán tu guía cuando camines, te protegerán cuando duermas, y te hablarán cuando despiertes. El mandamiento es lámpara, la enseñanza es luz, y las represiones son el camino de la vida.
PROVERBIOS 6:20-23, RVC

En mi corazón he guardado tus dichos, para no pecar contra ti.
SALMO 119:11, RV60

¿Con qué limpiará el joven su camino? Con guardar tu palabra.
SALMO 119:9, RV60

Te haré entender, y te enseñaré el camino en que debes andar; sobre ti fijaré mis ojos.
SALMO 32:8, RV60

Los mandamientos del Señor son rectos; traen alegría al corazón. Los mandatos del Señor son claros; dan buena percepción para vivir. La reverencia al Señor es pura, permanece para siempre. Las leyes del Señor son verdaderas, cada una de ellas es imparcial. Son más deseables que el oro, incluso que el oro más puro. Son más dulces que la miel, incluso que la miel que gotea del panal. Sirven de advertencia para tu siervo, una gran recompensa para quienes las obedecen.

Salmo 19:8-11, NTV

Entonces Jesús dijo a los judíos que habían creído en él: «Si ustedes permanecen en mi palabra, serán verdaderamente mis discípulos; y conocerán la verdad, y la verdad los hará libres».

Juan 8:31-32, RVC

Toda la Escritura es inspirada por Dios, y útil para enseñar, para redargüir, para corregir, para instruir en justicia, a fin de que el hombre de Dios sea perfecto, enteramente preparado para toda buena obra.

2 Timoteo 3:16-17, RVC

Tus leyes me agradan; me dan sabios consejos.

Salmo 119:24, NTV

Todas las cosas que pertenecen a la vida y a la piedad nos han sido dadas por su divino poder, mediante el conocimiento de aquel que nos llamó por su gloria y excelencia. Por medio de ellas nos ha dado preciosas y grandísimas promesas, para que por ellas ustedes lleguen a ser partícipes de la naturaleza divina, puesto que han huido de la corrupción que hay en el mundo por causa de los malos deseos.

2 Pedro 1:3-4, RVC

Por Jehová son ordenados los pasos del hombre, y él aprueba su camino. Cuando el hombre cayere, no quedará postrado, porque Jehová sostiene su mano.

Salmo 37:23-24, RV60

Él renueva mis fuerzas. Me guía por sendas correctas, y así da honra a su nombre.

Salmo 23:3, NTV

Entonces oirán ustedes decir a sus espaldas estas palabras: «Éste es el camino; vayan por él. No se desvíen a la derecha ni a la izquierda».

Isaías 30:21, RVC

Del juramento que hizo a Abraham nuestro padre, que nos había de conceder que, librados de nuestros enemigos, sin temor le serviríamos en santidad y en justicia delante de él, todos nuestros días.

Lucas 1:73-75, NTV

Nunca se apartará de tu boca este libro de la ley, sino que de día y de noche meditarás en él, para que guardes y hagas conforme a todo lo que en él está escrito; porque entonces harás prosperar tu camino, y todo te saldrá bien.

Josué 1:8, RV60

La Biblia es tu...
ROCA FUERTE

Pues han nacido de nuevo pero no a una vida que pronto se acabará. Su nueva vida durará para siempre porque proviene de la eterna y viviente palabra de Dios. Como dicen las Escrituras: «Los seres humanos son como la hierba, su belleza es como la flor del campo. La hierba se seca y la flor se marchita. Pero la palabra del Señor permanece para siempre». Y esta palabra es el mensaje de la Buena Noticia que se les ha predicado.

1 Pedro 1:23-25, NTV

El cielo y la tierra pasarán, pero mis palabras no pasarán.

Mateo 24:35, RV60

Tu eterna palabra, oh Señor, se mantiene firme en el cielo.

Salmo 119:89, NTV

Porque no habrá más visión vana, ni habrá adivinación de lisonjeros en medio de la casa de Israel. Porque yo Jehová hablaré, y se cumplirá la palabra que yo hable; no se tardará más, sino que en vuestros días, oh casa rebelde, hablaré palabra y la cumpliré, dice Jehová el Señor.

Ezequiel 12:24-25, RV60

Sí, la hierba se seca, y la flor se marchita, pero la palabra de nuestro Dios permanece para siempre.

ISAÍAS 40:8, RVC

Les digo la verdad, hasta que desaparezcan el cielo y la tierra, no desaparecerá ni el más mínimo detalle de la ley de Dios hasta que su propósito se cumpla.

MATEO 5:18, NTV

Bendito sea el Señor, que le ha dado paz a su pueblo Israel, conforme a su promesa, sin dejar de cumplir ninguna de las promesas que le hizo a Moisés.

1 REYES 8:56, RVC

Y ahora, que toda la gloria sea para Dios, quien es poderoso para evitar que caigan, y para llevarlos sin mancha y con gran alegría a su gloriosa presencia. Que toda la gloria sea para él, quien es el único Dios, nuestro Salvador por medio de Jesucristo nuestro Señor. ¡Toda la gloria, la majestad, el poder y la autoridad le pertenecen a él desde antes de todos los tiempos, en el presente y por toda la eternidad! Amén.

JUDAS 24-25, NTV

Hijo mío, presta atención a mis palabras; inclina tu oído para escuchar mis razones. No las pierdas de vista; guárdalas en lo más profundo de tu corazón. Ellas son vida para quienes las hallan; son la medicina para todo su cuerpo.

PROVERBIOS 4:20-22, RVC

Y sabemos que a los que aman a Dios, todas las cosas les ayudan a bien, esto es, a los que conforme a su propósito son llamados. ¿Qué, pues, diremos a esto? Si Dios es por nosotros, ¿quién contra nosotros?

Romanos 8:28,31, RV60

Tú, Señor, amas a tu pueblo; todo tu pueblo santo está en tus manos. Por eso ellos siguen tus pasos y reciben de ti su dirección. El Dios eterno es tu refugio; aquí en la tierra siempre te apoya. Delante de ti desalojó al enemigo, y te ordenó que lo destruyeras.

Deuteronomio 33:3,27, RVC

Me sacó del foso de desesperación, del lodo y del fango. Puso mis pies sobre suelo firme y a medida que yo caminaba, me estabilizó. Me dio un canto nuevo para entonar, un himno de alabanza a nuestro Dios. Muchos verán lo que él hizo y quedarán asombrados; pondrán su confianza en el Señor.

Salmo 40:2-3, NTV

Dios es nuestro amparo y fortaleza, nuestro pronto auxilio en las tribulaciones.

Salmo 46:1, RV60

El nombre del Señor es una fortaleza a la que el justo acude en busca de ayuda.

Proverbios 18:10, RVC

Pero el Señor es fiel, y él los fortalecerá y guardará del mal.

2 Tesalonicenses 3:3, RVC

La Biblia es tu...
FUENTE DE FORTALEZA

¿Cómo, pues, podrá el siervo de mi señor hablar con mi señor? Porque al instante me faltó la fuerza, y no me quedó aliento. Y me dijo: Muy amado, no temas; la paz sea contigo; esfuérzate y aliéntate. Y mientras él me hablaba, recobré las fuerzas, y dije: Hable mi señor, porque me has fortalecido.

DANIEL 10:17,19, RV60

Se deshace mi alma de ansiedad; susténtame según tu palabra.

SALMO 119:28, RV60

Así ha dicho Dios el Señor, el Santo de Israel: «La salvación de ustedes depende de que mantengan la calma. Su fuerza radica en mantener la calma y en confiar en mí».

ISAÍAS 30:15, RVC

Pido en oración que, de sus gloriosos e inagotables recursos, los fortalezca con poder en el ser interior por medio de su Espíritu. Entonces Cristo habitará en el corazón de ustedes a medida que confíen en él. Echarán raíces profundas en el amor de Dios, y ellas los mantendrán fuertes.

EFESIOS 3:16-17, NTV

(...) fortalecidos con todo poder, conforme al dominio de su gloria, para que puedan soportarlo todo con mucha paciencia. Así, con gran gozo, darán las gracias al Padre, que nos hizo aptos para participar de la herencia de los santos en luz.

Colosenses 1:11-12, RVC

El Señor da fuerzas al cansado, y aumenta el vigor del que desfallece. Los jóvenes se fatigan y se cansan; los más fuertes flaquean y caen; pero los que confían en el Señor recobran las fuerzas y levantan el vuelo, como las águilas; corren, y no se cansan; caminan, y no se fatigan.

Isaías 40:29-31, RVC

También dijeron: «Vayan y coman bien, y tomen un buen vino, pero compartan todo con los que nada tienen. Este día está consagrado a nuestro Señor, así que no estén tristes. El gozo del Señor es nuestra fuerza».

Nehemías 8:10, RVC

Todo lo puedo en Cristo que me fortalece.

Filipenses 4:13, RV60

Por lo tanto, pónganse todas las piezas de la armadura de Dios para poder resistir al enemigo en el tiempo del mal. Así, después de la batalla, todavía seguirán de pie, firmes. Defiendan su posición, poniéndose el cinturón de la verdad y la coraza de la justicia de Dios.

Efesios 6:13-14, NTV

No temas, porque yo estoy contigo; no desmayes, porque yo soy tu Dios que te esfuerzo; siempre te ayudaré, siempre te sustentaré con la diestra de mi justicia.

ISAÍAS 41:10, RV60

El sentido común y el éxito me pertenecen. La fuerza y la inteligencia son mías.

PROVERBIOS 8:14, NTV

Te amo, oh Jehová, fortaleza mía. Jehová, roca mía y castillo mío, y mi libertador; Dios mío, fortaleza mía, en él confiaré; mi escudo, y la fuerza de mi salvación, mi alto refugio. Invocaré a Jehová, quien es digno de ser alabado, y seré salvo de mis enemigos.

SALMO 18:1-3, RVC

El Señor es mi luz y mi salvación; ¿a quién podría yo temer? El Señor es la fortaleza de mi vida; ¿quién podría infundirme miedo? Mis malvados enemigos me ponen en aprietos; se juntan y hacen planes de acabar conmigo, pero son ellos los que tropiezan y caen.

SALMO 27:1-2, RVC

Por lo demás, hermanos míos, manténganse firmes en el Señor y en el poder de su fuerza.

EFESIOS 6:10, RVC

LO QUE LA BIBLIA

dice acerca de…

Lo que la Biblia dice acerca de...
LA FE

Por la fe entendemos que Dios creó el universo por medio de su palabra, de modo que lo que ahora vemos fue hecho de lo que no se veía.

HEBREOS 11:3, RVC

Así que la fe es por el oír, y el oír, por la palabra de Dios.

ROMANOS 10:17, RV60

Por la gracia que me es dada, digo a cada uno de ustedes que no tenga más alto concepto de sí que el que debe tener, sino que piense de sí con sensatez, según la medida de fe que Dios repartió a cada uno.

ROMANOS 12:3, RVC

Por tanto, nosotros también, teniendo en derredor nuestro tan grande nube de testigos, despojémonos de todo peso y del pecado que nos asedia, y corramos con paciencia la carrera que tenemos por delante, puestos los ojos en Jesús, el autor y consumador de la fe, el cual por el gozo puesto delante de él sufrió la cruz, menospreciando el oprobio, y se sentó a la diestra del trono de Dios.

HEBREOS 12:1-2, RV60

—Ustedes no tienen la fe suficiente —les dijo Jesús—. Les digo la verdad, si tuvieran fe, aunque fuera tan pequeña como una semilla de mostaza, podrían decirle a esta montaña: «Muévete de aquí hasta allá», y la montaña se movería. Nada sería imposible.

MATEO 17:20, NTV

Jesús les dijo: «Tengan fe en Dios. Porque de cierto les digo que cualquiera que diga a este monte: "¡Quítate de ahí y échate en el mar!", su orden se cumplirá, siempre y cuando no dude en su corazón, sino que crea que se cumplirá. Por tanto, les digo: Todo lo que pidan en oración, crean que lo recibirán, y se les concederá».

MARCOS 11:22-24, RVC

Jesús le dijo: «¿Cómo que "si puedes"? Para quien cree, todo es posible». Al instante, el padre del muchacho exclamó: «¡Creo! ¡Ayúdame en mi incredulidad!»

MARCOS 9:23-24, RVC

Porque en el evangelio la justicia de Dios se revela por fe y para fe, como está escrito: Mas el justo por la fe vivirá.

ROMANOS 1:17, RV60

¿Hay entre ustedes algún enfermo? Que se llame a los ancianos de la iglesia, para que oren por él y lo unjan con aceite en el nombre del Señor. La oración de fe sanará al enfermo, y el Señor lo levantará de su lecho. Si acaso ha pecado, sus pecados le serán perdonados.

SANTIAGO 5:14-15, RVC

Pues vivimos por lo que creemos y no por lo que vemos.

2 Corintios 5:7, NTV

Sin fe es imposible agradar a Dios, porque es necesario que el que se acerca a Dios crea que él existe, y que sabe recompensar a quienes lo buscan.

Hebreos 11:6, RVC

Estas pruebas demostrarán que su fe es auténtica. Está siendo probada de la misma manera que el fuego prueba y purifica el oro, aunque la fe de ustedes es mucho más preciosa que el mismo oro. Entonces su fe, al permanecer firme en tantas pruebas, les traerá mucha alabanza, gloria y honra en el día que Jesucristo sea revelado a todo el mundo. Ustedes aman a Jesucristo a pesar de que nunca lo han visto. Aunque ahora no lo ven, confían en él y se gozan con una alegría gloriosa e indescriptible. La recompensa por confiar en él será la salvación de sus almas.

1 Pedro 1:7-9, NTV

Pues éste es el amor a Dios: que obedezcamos sus mandamientos. Y sus mandamientos no son difíciles de cumplir. Porque todo el que ha nacido de Dios vence al mundo. Y ésta es la victoria que ha vencido al mundo: nuestra fe. ¿Quién es el que vence al mundo, sino el que cree que Jesús es el Hijo de Dios?

1 Juan 5:3-5, RVC

Y he aquí una mujer enferma de flujo de sangre desde hacía doce años, se le acercó por detrás y tocó el borde de su manto; porque decía dentro de sí: Si tocare solamente su manto, seré salva. Pero Jesús, volviéndose y mirándola, dijo: Ten ánimo, hija; tu fe te ha salvado. Y la mujer fue salva desde aquella hora.

MATEO 9:20-22, RVC

Cuando Jesús llegó a la casa, los ciegos se le acercaron y él les preguntó: «¿Creen que puedo hacer esto?». Ellos dijeron: «Sí, Señor.» Entonces les tocó los ojos, y les dijo: «Que se haga con ustedes conforme a su fe».

MATEO 9:28-29, RVC

Lo que la Biblia dice acerca de...

EL AMOR

Queridos amigos, sigamos amándonos unos a otros, porque el amor viene de Dios. Todo el que ama es un hijo de Dios y conoce a Dios; pero el que no ama no conoce a Dios, porque Dios es amor.

1 JUAN 4:7-8, NTV

Si pudiera hablar todos los idiomas del mundo y de los ángeles pero no amara a los demás, yo solo sería un metal ruidoso o un címbalo que resuena. Si tuviera el don de profecía y entendiera todos los planes secretos de Dios y contara con todo el conocimiento, y si tuviera una fe que me hiciera capaz de mover montañas, pero no amara a otros, yo no sería nada. Si diera todo lo que tengo a los pobres y hasta sacrificara mi cuerpo, podría jactarme de eso; pero si no amara a los demás, no habría logrado nada. El amor es paciente y bondadoso. El amor no es celoso ni fanfarrón ni orgulloso ni ofensivo. No exige que las cosas se hagan a su manera. No se irrita ni lleva un registro de las ofensas recibidas. No se alegra de la injusticia sino que se alegra cuando la verdad triunfa. El amor nunca se da por vencido, jamás pierde la fe, siempre tiene esperanzas y se mantiene firme en toda circunstancia. La profecía, el hablar en idiomas desconocidos, y el conocimiento especial se volverán inútiles. ¡Pero el amor durará para siempre! Tres cosas durarán para siempre: la fe, la esperanza y el amor; y la mayor de las tres es el amor.

1 Corintios 13:1-8,13, NTV

En esto consiste el amor: no en que nosotros hayamos amado a Dios, sino en que él nos amó a nosotros, y envió a su Hijo en propiciación por nuestros pecados. Amados, si Dios nos ha amado así, nosotros también debemos amarnos unos a otros. Nadie ha visto jamás a Dios. Si nos amamos unos a otros, Dios permanece en nosotros, y su amor se perfecciona en nosotros.

1 Juan 4:10-12, RVC

Yo los he amado a ustedes tanto como el Padre me ha amado a mí. Permanezcan en mi amor. Cuando obedecen mis mandamientos, permanecen en mi amor.

Juan 15:9-10, NTV

Este es mi mandamiento: ámense unos a otros de la misma manera en que yo los he amado. No hay un amor más grande que el dar la vida por los amigos. Ustedes son mis amigos si hacen lo que yo les mando. Este es mi mandato: ámense unos a otros.

Juan 15:12-14,17, NTV

Porque de tal manera amó Dios al mundo, que ha dado a su Hijo unigénito, para que todo aquel que en él cree, no se pierda, tenga vida eterna.

Juan 3:16, RV60

Un mandamiento nuevo les doy: Que se amen unos a otros. Así como yo los he amado, ámense también ustedes unos a otros. En esto conocerán todos que ustedes son mis discípulos, si se aman unos a otros.

Juan 13:34-35, RVC

Y amarás al Señor tu Dios con todo tu corazón, y con toda tu alma, y con toda tu mente y con todas tus fuerzas. Este es el principal mandamiento. Y el segundo es semejante: Amarás a tu prójimo como a ti mismo. No hay otro mandamiento mayor que éstos.

Marcos 12:30-32, RV60

Y nosotros hemos conocido y creído el amor que Dios tiene para con nosotros. Dios es amor; y el que permanece en amor, permanece en Dios, y Dios en él. Nosotros le amamos a él, porque él nos amó primero. Si alguno dice: Yo amo a Dios, y aborrece a su hermano, es mentiroso. Pues el que no ama a su hermano a quien ha visto, ¿cómo puede amar a Dios a quien no ha visto? Y nosotros tenemos este mandamiento de él: El que ama a Dios, ame también a su hermano.

1 Juan 4:16,19-21, RV60

Hace ya mucho tiempo, el Señor se hizo presente y me dijo: «Yo te amo con amor eterno. Por eso te he prolongado mi misericordia».

Jeremías 31:3, RVC

(...) ya que el Padre mismo los ama profundamente, porque ustedes me aman a mí y han creído que vine de Dios.

JUAN 16:27, NTV

Mas Dios muestra su amor para con nosotros, en que siendo aún pecadores, Cristo murió por nosotros.

ROMANOS 5:8, RV60

Antes, en todas estas cosas somos más que vencedores por medio de aquel que nos amó. Por lo cual estoy seguro de que ni la muerte, ni la vida, ni ángeles, ni principados, ni potestades, ni lo presente, ni lo por venir, ni lo alto, ni lo profundo, ni ninguna otra cosa creada nos podrá separar del amor de Dios, que es en Cristo Jesús Señor nuestro.

ROMANOS 8:37-39, RV60

Lo que la Biblia dice acerca de......
LA VIDA ETERNA

Y éste es el testimonio: que Dios nos ha dado vida eterna, y esta vida está en su Hijo. El que tiene al Hijo, tiene la vida, el que no tiene al Hijo de Dios no tiene la vida.

1 Juan 5:11-12, RVC

De cierto, de cierto os digo: El que oye mi palabra, y cree al que me envió, tiene vida eterna; y no vendrá a condenación, mas ha pasado de muerte a vida.

Juan 5:24, RV60

Porque de tal manera amó Dios al mundo, que ha dado a su Hijo unigénito, para que todo aquel que en él cree no se pierda, sino que tenga vida eterna. Porque Dios no envió a su Hijo al mundo para condenar al mundo, sino para que el mundo sea salvo por él. El que en él cree, no es condenado; pero el que no cree, ya ha sido condenado, porque no ha creído en el nombre del unigénito Hijo de Dios.

Juan 3:16-18, RVC

El Señor cuida de los hombres honrados; y mantendrá la herencia de ellos para siempre.

Salmo 37:18, RVC

No es que alguno haya visto al Padre, sino el que vino de Dios; éste sí ha visto al Padre. De cierto, de cierto les digo: El que cree en mí, tiene vida eterna.

Juan 6:46-47, RVC

Éste es el pan que desciende del cielo, para que el que coma de él, no muera. Yo soy el pan vivo que descendió del cielo. Si alguno come de este pan, vivirá para siempre; y el pan que yo daré es mi carne, la cual daré por la vida del mundo».

Juan 6:50-51, RVC

Y sabemos que el Hijo de Dios ha venido y nos ha dado entendimiento, para que podamos conocer al Dios verdadero. Y ahora vivimos en comunión con el Dios verdadero porque vivimos en comunión con su Hijo, Jesucristo. Él es el único Dios verdadero y él es la vida eterna.

1 Juan 5:20, NTV

Los pobres comerán y quedarán satisfechos; todos los que buscan al Señor lo alabarán; se alegrará el corazón con gozo eterno.

Salmo 22:26, NTV

Ciertamente el bien y la misericordia me seguirán todos los días de mi vida, y en la casa de Jehová moraré por largos días.

Salmo 23:6, RV60

Pero a mí, Dios me rescatará; ¡Dios me librará del poder del sepulcro!

Salmo 49:5, RVC

Y cuando esto corruptible se haya vestido de incorrupción, y esto mortal se haya vestido de inmortalidad, entonces se cumplirá la palabra que está escrita: Sorbida es la muerte en victoria. ¿Dónde está, oh muerte, tu aguijón? ¿Dónde, oh sepulcro, tu victoria?, ya que el aguijón de la muerte es el pecado, y el poder del pecado, la ley. Mas gracias sean dadas a Dios, que nos da la victoria por medio de nuestro Señor Jesucristo.

1 Corintios 15:54-57, RV60

Jesús le dijo: «Yo soy la resurrección y la vida; el que cree en mí, aunque esté muerto, vivirá. Y todo aquel que vive y cree en mí, no morirá eternamente. ¿Crees esto?»

Juan 11:25-26, RVC

No se preocupen tanto por las cosas que se echan a perder, tal como la comida. Pongan su energía en buscar la vida eterna que puede darles el Hijo del Hombre. Pues Dios Padre me ha dado su sello de aprobación.

Juan 6:27, NTV

Mis ovejas oyen mi voz, y yo las conozco, y me siguen, y yo les doy vida eterna; y no perecerán jamás, ni nadie las arrebatará de mi mano.

Juan 10:27-28, RV60

Respondió Jesús y le dijo: Cualquiera que bebiere de esta agua, volverá a tener sed; mas el que bebiere del agua que yo le daré, no tendrá sed jamás; sino que el agua que yo le daré será en él una fuente de agua que salte para vida eterna.

Juan 4:13-14, RV60

Lo que la Biblia dice acerca de...

LA MUERTE

Todos moriremos algún día. Nuestra vida es como agua derramada en el suelo, la cual no se puede volver a juntar. Pero Dios no arrasa con nuestra vida, sino que idea la manera de traernos de regreso cuando hemos estado separados de él.

2 SAMUEL 14:14, NTV

Nadie puede vivir para siempre; todos morirán; nadie puede escapar del poder de la tumba.

SALMO 89:48, NTV

Porque lo mismo les pasa a los hombres y a las bestias: unos y otros respiran y mueren por igual. Todo va a un mismo lugar. Todo está hecho de polvo, y todo al polvo volverá.

ECLESIASTÉS 3:19-20, RVC

Nadie puede retener su espíritu y evitar que se marche. Nadie tiene el poder de impedir el día de su muerte. No hay forma de escapar de esa cita obligatoria: esa batalla oscura. Y al enfrentarse con la muerte, la maldad no rescatará al malvado.

ECLESIASTÉS 8:8, NTV

Es evidente que hasta los sabios mueren; que los necios e insensatos perecen por igual, y que a otros les dejan sus riquezas. Aunque ricos, los mortales no permanecen; lo mismo que las bestias, un día perecen. Pero a mí, Dios me rescatará; ¡Dios me librará del poder del sepulcro!

SALMO 49:10,12,15, RVC

Jesús continuó diciendo: «Ustedes son de abajo; yo soy de arriba. Ustedes pertenecen a este mundo; yo no. Por eso dije que morirán en sus pecados; porque, a menos que crean que Yo soy quien afirmo ser, morirán en sus pecados».

JUAN 8:23-24, NTV

A ustedes, él les dio vida cuando aún estaban muertos en sus delitos y pecados.

EFESIOS 2:1, RVC

Cuando ustedes fueron bautizados, fueron también sepultados con él, pero al mismo tiempo resucitaron con él, por la fe en el poder de Dios, que lo levantó de los muertos. Antes, ustedes estaban muertos en sus pecados; aún no se habían despojado de su naturaleza pecaminosa. Pero ahora, Dios les ha dado vida juntamente con él, y les ha perdonado todos sus pecados.

COLOSENSES 2:12-13, RVC

Les digo la verdad, ¡todo el que obedezca mi enseñanza jamás morirá!

JUAN 8:51, NTV

Jesús le dijo: «Yo soy la resurrección y la vida; el que cree en mí, aunque esté muerto, vivirá».

Juan 11:25, RVC

(...) y ahora todo esto él nos lo ha hecho evidente mediante la venida de Cristo Jesús, nuestro Salvador. Destruyó el poder de la muerte e iluminó el camino a la vida y a la inmortalidad por medio de la Buena Noticia.

2 Timoteo 1:10, NTV

El temor del Señor es un manantial de vida, que nos aparta de los lazos de la muerte. Al malvado lo pierde su propia maldad; el justo, aun en la muerte mantiene la esperanza.

Proverbios 14:27,32, RVC

Pues si vivimos, para el Señor vivimos; y si morimos, para el Señor morimos. Así pues, sea que vivamos, o que muramos, del Señor somos. Porque Cristo para esto murió y resucitó, y volvió a vivir, para ser Señor así de los muertos como de los que viven.

Romanos 14:8-9, RVC

Porque como el Padre levanta a los muertos, y les da vida, así también el Hijo a los que quiere da vida. De cierto, de cierto os digo: El que oye mi palabra, y cree al que me envió, tiene vida eterna; y no vendrá a condenación, mas ha pasado de muerte a vida.

Juan 5:21,24, RV60

Lo que la Biblia dice acerca de...
LA ADORACIÓN

A este pueblo lo he creado para mí, y este pueblo proclamará mis alabanzas.

Isaías 43:21, RVC

Pero ustedes no son así porque son un pueblo elegido. Son sacerdotes del Rey, una nación santa, posesión exclusiva de Dios. Por eso pueden mostrar a otros la bondad de Dios, pues él los ha llamado a salir de la oscuridad y entrar en su luz maravillosa.

1 Pedro 2:9, NTV

(...) pues no tenemos aquí una ciudad permanente, sino que vamos en pos de la ciudad que está por venir. Por lo tanto, ofrezcamos siempre a Dios, por medio de Jesús, un sacrificio de alabanza, es decir, el fruto de labios que confiesen su nombre.

Hebreos 13:14-15, RVC

¡Aleluya! ¡Cuán bueno es cantar salmos a nuestro Dios! ¡Cuán grato y hermoso es alabarlo!

Salmo 147:1, RVC

Invocaré a Jehová, quien es digno de ser alabado, y seré salvo de mis enemigos.

2 Samuel 22:4, RV60

Alabaré al Señor en todo tiempo; a cada momento pronunciaré sus alabanzas. Solo en el Señor me jactaré; que todos los indefensos cobren ánimo. Vengan, hablemos de las grandezas del Señor; exaltemos juntos su nombre.

Salmo 34:1-3, NTV

¡Alabemos la misericordia del Señor y sus grandes hechos en favor de los mortales!

Salmo 107:8, RVC

No se emborrachen con vino, lo cual lleva al desenfreno; más bien, llénense del Espíritu. Hablen entre ustedes con salmos, himnos y cánticos espirituales; canten y alaben al Señor con el corazón, y den siempre gracias por todo al Dios y Padre, en el nombre de nuestro Señor Jesucristo.

Efesios 5:18-20, RVC

¡Vengan todos! ¡Aplaudan! ¡Griten alegres alabanzas a Dios! Pues el Señor Altísimo es imponente; es el gran Rey de toda la tierra. Canten alabanzas a Dios, canten alabanzas; ¡canten alabanzas a nuestro Rey, canten alabanzas! Pues Dios es el Rey de toda la tierra. Alábenlo con un salmo.

Salmo 47:1-2,6-7, NTV

Tu misericordia es mejor que la vida; por eso mis labios te alaban. ¡Yo te bendeciré mientras tenga vida, y en tu nombre levantaré mis manos! Mi alma quedará del todo satisfecha, como si comiera los mejores platillos, y mis labios te aclamarán jubilosos.

Salmo 63:3-5, RVC

¡Grande es el Señor, nuestro Dios! ¡Digno es de grandes alabanzas en su ciudad, en su santo monte!

Salmo 48:1, RVC

El que me ofrece alabanzas, me honra; al que enmiende su camino, yo lo salvaré.

Salmo 50:23, RVC

Porque tú, oh Señor Jehová, eres mi esperanza, seguridad mía desde mi juventud. En ti he sido sustentado desde el vientre; de las entrañas de mi madre tú fuiste el que me sacó; de ti será siempre mi alabanza. Como prodigio he sido a muchos, y tú mi refugio fuerte. Sea llena mi boca de tu alabanza, de tu gloria todo el día.

Salmo 71:5-8, RV60

¡Cuán bueno es alabarte, Señor! Bueno es, Altísimo, cantar salmos a tu nombre, anunciar tu misericordia por la mañana, y tu fidelidad todas las noches. Tú, Señor, me has alegrado con tus obras; yo me regocijo por las obras de tus manos. Muy grandes son tus obras, Señor, y muy profundos tus pensamientos.

Salmo 92:1-2,4-5, RVC

¡Grande es el Señor! ¡Es el más digno de alabanza! A él hay que temer por sobre todos los dioses. Los dioses de las otras naciones no son más que ídolos, ¡pero el Señor hizo los cielos! Honor y majestad lo rodean; fuerza y belleza llenan su santuario. Oh naciones del mundo, reconozcan al Señor; reconozcan que el Señor es fuerte y glorioso. ¡Den al Señor la gloria que merece! Lleven ofrendas y entren en sus atrios.

SALMO 96:4-8, NTV

Pero a medianoche, orando Pablo y Silas, cantaban himnos a Dios; y los presos los oían.

HECHOS 16:25, RV60

Lo que la Biblia dice acerca de...

SERVIR A DIOS

Sirve únicamente al Señor tu Dios y teme solamente a él. Obedece sus mandatos, escucha su voz y aférrate a él.

DEUTERONOMIO 13:4, NTV

Entonces Jesús le dijo: «Vete, Satanás, porque escrito está: "Al Señor tu Dios adorarás, y a él sólo servirás"». Entonces el diablo lo dejó, y unos ángeles vinieron y lo servían.

MATEO 4:10-11, RVC

Pero asegúrense de obedecer todos los mandatos y las instrucciones que Moisés les dio. Amen al Señor su Dios, anden en todos sus caminos, obedezcan sus mandatos, aférrense a él y sírvanlo con todo el corazón y con toda el alma.

JOSUÉ 22:5, NTV

Ámense unos a otros con un afecto genuino y deléitense al honrarse mutuamente. No sean nunca perezosos, más bien trabajen con esmero y sirvan al Señor con entusiasmo. Estén listos para ayudar a los hijos de Dios cuando pasen necesidad. Estén siempre dispuestos a brindar hospitalidad.

ROMANOS 12:10-11,13, NTV

Por lo tanto, amados hermanos, les ruego que entreguen su cuerpo a Dios por todo lo que él ha hecho a favor de ustedes. Que sea un sacrificio vivo y santo, la clase de sacrificio que a él le agrada. Esa es la verdadera forma de adorarlo. No imiten las conductas ni las costumbres de este mundo, más bien dejen que Dios los transforme en personas nuevas al cambiarles la manera de pensar. Entonces aprenderán a conocer la voluntad de Dios para ustedes, la cual es buena, agradable y perfecta.

ROMANOS 12:1-2, NTV

¡Canten alegres al Señor, habitantes de toda la tierra! ¡Sirvan al Señor con alegría! ¡Vengan a su presencia con regocijo!

SALMO 100:1-2, RVC

Pero me servirán a mí, el Señor su Dios, y yo bendeciré tu pan y tus aguas, y quitaré de en medio de ti toda enfermedad.

ÉXODO 23:25, RVC

Ahora, pues, Israel, ¿qué pide Jehová tu Dios de ti, sino que temas a Jehová tu Dios, que andes en todos sus caminos, y que lo ames, y sirvas a Jehová tu Dios con todo tu corazón y con toda tu alma; que guardes los mandamientos de Jehová y sus estatutos, que yo te prescribo hoy, para que tengas prosperidad?

DEUTERONOMIO 10:12-13, RV60

Si ustedes obedecen con todo cuidado los mandamientos que hoy les mando cumplir, y si aman al Señor su Dios y le sirven con todo su corazón y con toda su alma, yo enviaré a su tierra la lluvia a su tiempo, tanto la lluvia temprana como la tardía, y ustedes cosecharán su grano, su vino y su aceite. Haré también que en tus campos crezca hierba para tus ganados, y comerás y quedarás satisfecho.

Deuteronomio 11:13-15, RVC

Pero si te niegas a servir al Señor, elige hoy mismo a quién servirás. ¿Acaso optarás por los dioses que tus antepasados sirvieron del otro lado del Éufrates? ¿O preferirás a los dioses de los amorreos, en cuya tierra ahora vives? Pero en cuanto a mí y a mi familia, nosotros serviremos al Señor.

Josué 24:15, NTV

Y Samuel respondió al pueblo: No temáis; vosotros habéis hecho todo este mal; pero con todo eso no os apartéis de en pos de Jehová, sino servidle con todo vuestro corazón. No os apartéis en pos de vanidades que no aprovechan ni libran, porque son vanidades. Pues Jehová no desamparará a su pueblo, por su grande nombre; porque Jehová ha querido haceros pueblo suyo.

1 Samuel 21:20-22, RV60

Alégrate, joven; aprovecha tu juventud. Bríndale placer a tu corazón mientras dure tu adolescencia. Déjate llevar por donde tu corazón y tus ojos quieran llevarte. Pero debes saber que de todo esto Dios te pedirá cuentas.

Eclesiastés 11:9, RVC

Y tú, Salomón, hijo mío, reconoce al Dios de tu padre, y sírvele con corazón perfecto y con ánimo voluntario; porque

Jehová escudriña los corazones de todos, y entiende todo intento de los pensamientos. Si tú le buscares, lo hallarás; mas si lo dejares, él te desechará para siempre.

1 Crónicas 28:9, RV60

Pero ahora que hemos muerto a su dominio, estamos libres de la ley, y de ese modo podemos servir en la vida nueva del Espíritu y no bajo el viejo régimen de la letra.

Romanos 7:6, RVC

Lo que la Biblia dice acerca de...
SER OBEDIENTE

Dense cuenta de que hoy pongo ante ustedes la bendición y la maldición. La bendición, si ustedes atienden a los mandamientos que yo, el Señor su Dios, hoy les mando cumplir. La maldición, si no atienden a los mandamientos que yo, el Señor su Dios, hoy les mando cumplir, y se apartan del camino para ir tras dioses ajenos que nunca antes conocieron.

DEUTERONOMIO 11:26-28, RVC

Pero Samuel respondió:
—¿Qué es lo que más le agrada al Señor: tus ofrendas quemadas y sacrificios, o que obedezcas a su voz? ¡Escucha! La obediencia es mejor que el sacrificio, y la sumisión es mejor que ofrecer la grasa de carneros.

1 SAMUEL 15:22, NTV

Así ha dicho Jehová, Redentor tuyo, el Santo de Israel: Yo soy Jehová Dios tuyo, que te enseña provechosamente, que te encamina por el camino que debes seguir. ¡Oh, si hubieras atendido a mis mandamientos! Fuera entonces tu paz como un río, y tu justicia como las ondas del mar.

ISAÍAS 48:17-18, RV60

Al contrario, esto fue lo que les ordené: «Escuchen mi voz, y yo seré su Dios, y ustedes serán mi pueblo. Vayan siempre por el camino que yo les mande seguir, para que les vaya bien».

Jeremías 7:23, RVC

Si me aman, obedezcan mis mandamientos. El que tiene mis mandamientos, y los obedece, ése es el que me ama; y el que me ama, será amado por mi Padre, y yo lo amaré, y me manifestaré a él.

Juan 14:15,21, RVC

Respondiendo Pedro y los apóstoles, dijeron: Es necesario obedecer a Dios antes que a los hombres.

Hechos 5:29, RV60

Y él es la propiciación por nuestros pecados; y no solamente por los nuestros, sino también por los de todo el mundo. Con esto podemos saber que lo conocemos: si obedecemos sus mandamientos. El que dice: «Yo lo conozco», y no obedece sus mandamientos, es un mentiroso, y no hay verdad en él. El amor de Dios se ha perfeccionado verdaderamente en el que obedece su palabra, y por esto sabemos que estamos en él. El que dice que permanece en él, debe andar como él anduvo.

1 Juan 2:2-6, RVC

Y si tú me sigues y obedeces mis decretos y mis mandatos como lo hizo tu padre David, también te daré una larga vida.

1 Reyes 3:14, NTV

Tú eres mi Dios; enséñame a hacer tu voluntad, y que tu buen espíritu me guíe por caminos rectos.

SALMO 143:10, RVC

Oye, Israel, los estatutos y decretos que yo pronuncio hoy en tus oídos. Apréndelos y asegúrate de ponerlos por obra. Asegúrense, pues, de hacer lo que el Señor su Dios les ha ordenado. No se aparten ni a la derecha ni a la izquierda. Sigan por el camino que el Señor su Dios les ha ordenado seguir, para que les vaya bien y vivan muchos años en la tierra que van a poseer.

DEUTERONOMIO 5:1,32-33, RVC

Por amor al Señor, sométanse a toda autoridad humana, ya sea al rey como jefe de Estado o a los funcionarios que él ha nombrado. Pues a ellos el rey los ha mandado a que castiguen a aquellos que hacen el mal y a que honren a los que hacen el bien. La voluntad de Dios es que la vida honorable de ustedes haga callar a la gente ignorante que los acusa sin fundamento alguno. Pues ustedes son libres, pero a la vez, son esclavos de Dios, así que no usen su libertad como una excusa para hacer el mal. Respeten a todos y amen a la familia de creyentes. Teman a Dios y respeten al rey. Ustedes, los que son esclavos, deben someterse a sus amos con todo respeto. Hagan lo que ellos les ordenan, no solo si son bondadosos y razonables, sino también si son crueles. Pues Dios se complace cuando ustedes, siendo conscientes de su voluntad, sufren con paciencia cuando reciben un trato injusto. Es obvio que no hay mérito en ser paciente si a uno lo golpean por haber actuado mal, pero si sufren por hacer el bien y lo soportan con paciencia, Dios se agrada de ustedes. Pues Dios los llamó a hacer lo bueno, aunque eso signifique que tengan que sufrir, tal como Cristo sufrió por ustedes. Él es su ejemplo, y deben seguir sus pasos.

1 Pedro 2:13-21, NTV

Hijos, obedezcan a sus padres en el nombre del Señor, porque esto es justo. Honra a tu padre y a tu madre, que es el primer mandamiento con promesa; para que te vaya bien, y tengas una larga vida sobre la tierra.

Efesios 6:1-3, RVC

Ustedes los hijos, obedezcan a sus padres en todo, porque esto agrada al Señor. Ustedes los siervos, obedezcan en todo a sus amos terrenales, no sólo cuando los ven, como si quisieran agradar a sus semejantes, sino con sinceridad de corazón, por temor a Dios. Y todo lo que hagan, háganlo de corazón, como para el Señor y no como para la gente, porque ya saben que el Señor les dará la herencia como recompensa, pues ustedes sirven a Cristo el Señor.

Colosenses 3:20,22-24, RVC

Lo que la Biblia dice acerca de...
LA MENTALIDAD MUNDANA

Porque el ocuparse de la carne es muerte, pero el ocuparse del Espíritu es vida y paz. Las intenciones de la carne llevan a la enemistad contra Dios; porque no se sujetan a la ley de Dios, ni tampoco pueden; además, los que viven según la carne no pueden agradar a Dios.

ROMANOS 8:6-8, RVC

Porque el que siembra para su carne, de la carne segará corrupción; mas el que siembra para el Espíritu, del Espíritu segará vida eterna. No nos cansemos, pues, de hacer bien; porque a su tiempo segaremos, si no desmayamos.

GÁLATAS 6:8-9, RV60

Si ustedes desean algo, y no lo obtienen, entonces matan. Si arden de envidia y no consiguen lo que desean, entonces discuten y luchan. Pero no obtienen lo que desean, porque no piden; y cuando piden algo, no lo reciben porque lo piden con malas intenciones, para gastarlo en sus propios placeres. ¡Ay, gente adúltera! ¿No saben que la amistad con el mundo es enemistad con Dios? Todo aquel que quiera ser amigo del mundo, se declara enemigo de Dios.

SANTIAGO 4:2-4, RVC

Delante de cada persona hay un camino que parece correcto, pero termina en muerte. La risa puede ocultar un corazón afligido, pero cuando la risa termina, el dolor permanece. Los descarriados reciben su merecido; la gente buena recibe su recompensa.

PROVERBIOS 14:12-14; NTV

Porque por ahí andan muchos, de los cuales muchas veces les dije, y llorando vuelvo a decirlo, que son enemigos de la cruz de Cristo. Ellos sólo piensan en lo terrenal. Su dios es el vientre, su orgullo es su vergüenza, y su fin será la perdición. Pero nuestra ciudadanía está en los cielos, de donde también esperamos al Salvador, al Señor Jesucristo; él transformará el cuerpo de nuestra humillación, para que sea semejante al cuerpo de su gloria, por el poder con el que puede también sujetar a sí mismo todas las cosas.

FILIPENSES 3:18-21, RVC

Tú, pues, sufre penalidades como buen soldado de Jesucristo. Ninguno que milita se enreda en los negocios de la vida, a fin de agradar a aquel que lo tomó por soldado. Y también el que lucha como atleta, no es coronado si no lucha legítimamente. Huye también de las pasiones juveniles, y sigue la justicia, la fe, el amor y la paz, con los que de corazón limpio invocan al Señor. Pero desecha las cuestiones necias e insensatas, sabiendo que engendran contiendas.

2 TIMOTEO 2:3-5,22-23, RV60

También debes saber que en los últimos días vendrán tiempos peligrosos, y que habrá hombres amantes de sí mismos, avaros, vanagloriosos, soberbios, blasfemos, desobedientes a los padres, ingratos, impíos, sin afecto natural, implacables, calumniadores, intemperantes, crueles, aborrecedores de lo bueno, traidores, impetuosos, envanecidos, que amarán los deleites más que a Dios, que parecerán muy piadosos, pero negarán la eficacia de la piedad; evítalos. Porque son éstos los que se meten en las casas y cautivan a mujeres débiles y cargadas de pecados, que se dejan llevar por sus malos deseos, que siempre están aprendiendo y nunca pueden llegar al conocimiento de la verdad.

2 Timoteo 3:1-7, RVC

Queridos amigos, ya que son «extranjeros y residentes temporales», les advierto que se alejen de los deseos mundanos, que luchan contra el alma. Procuren llevar una vida ejemplar entre sus vecinos no creyentes. Así, por más que ellos los acusen de actuar mal, verán que ustedes tienen una conducta honorable y le darán honra a Dios cuando él juzgue al mundo.

1 Pedro 2:11-12, NTV

No amen al mundo, ni las cosas que están en el mundo. Si alguno ama al mundo, el amor del Padre no está en él. Porque todo lo que hay en el mundo, es decir, los deseos de la carne, los deseos de los ojos, y la vanagloria de la vida, no proviene del Padre, sino del mundo. El mundo y sus deseos pasan; pero el que hace la voluntad de Dios permanece para siempre.

1 Juan 2:15-17, RVC

Por lo tanto, amados hermanos, les ruego que entreguen su cuerpo a Dios por todo lo que él ha hecho a favor de ustedes. Que sea un sacrificio vivo y santo, la clase de sacrificio que a él le agrada. Esa es la verdadera forma de adorarlo. No imiten las conductas ni las costumbres de este mundo, más bien dejen que Dios los transforme en personas nuevas al cambiarles la manera de pensar. Entonces aprenderán a conocer la voluntad de Dios para ustedes, la cual es buena, agradable y perfecta. No finjan amar a los demás; ámenlos de verdad. Aborrezcan lo malo. Aférrense a lo bueno.

ROMANOS 12:1-2,9, NTV

No hagan nada por contienda o por vanagloria. Al contrario, háganlo con humildad y considerando cada uno a los demás como superiores a sí mismo. No busque cada uno su propio interés, sino cada cual también el de los demás. Que haya en ustedes el mismo sentir que hubo en Cristo Jesús.

FILIPENSES 2:3-5, RVC

Tú guardas en completa paz a quien siempre piensa en ti y pone en ti su confianza. Confíen siempre en el Señor, porque él es la Roca eterna.

ISAÍAS 26:3-4, RVC

Pongan la mira en las cosas del cielo, y no en las de la tierra. Por lo tanto, hagan morir en ustedes todo lo que sea terrenal: inmoralidad sexual, impureza, pasiones desordenadas, malos deseos y avaricia. Eso es idolatría. Por cosas como éstas les sobreviene la ira de Dios a los desobedientes. Pero ahora deben abandonar también la ira, el enojo, la malicia, la blasfemia y las conversaciones obscenas. No se mientan los unos a los otros, pues ya ustedes se han despojado de la vieja naturaleza y de sus hechos, y se han revestido de la nueva naturaleza, la naturaleza del nuevo hombre, que se va renovando a imagen del que lo creó hasta el pleno conocimiento.

COLOSENSES 3:2,5-6,8-10, RVC

Por lo demás, hermanos, piensen en todo lo que es verdadero, en todo lo honesto, en todo lo justo, en todo lo puro, en todo lo amable, en todo lo que es digno de alabanza; si hay en ello alguna virtud, si hay algo que admirar, piensen en ello.

FILIPENSES 4:8, RVC

Lo que la Biblia dice acerca de...
LAS CONDUCTAS SEXUALES INAPROPIADAS

La ira de Dios se revela desde el cielo contra toda impiedad y maldad de quienes injustamente retienen la verdad. Pues a pesar de haber conocido a Dios, no lo glorificaron como a Dios, ni le dieron gracias, sino que se envanecieron en sus razonamientos, y su necio corazón se llenó de oscuridad. Por esto Dios los entregó a pasiones vergonzosas. Hasta sus mujeres cambiaron las relaciones naturales por las que van en contra de la naturaleza. De la misma manera, los hombres dejaron las relaciones naturales con las mujeres y se encendieron en su lascivia unos con otros. Cometieron hechos vergonzosos hombres con hombres, y recibieron en sí mismos la retribución que merecía su perversión. Y como ellos no quisieron tener en cuenta a Dios, Dios los entregó a una mente depravada, para hacer cosas que no convienen.

ROMANOS 1:18,21,26-28, RVC

Pues la ley no fue diseñada para la gente que hace lo correcto. Es para los transgresores y rebeldes, para los desobedientes a Dios y los pecadores, para quienes no consideran nada sagrado y que profanan lo que es santo, para quienes matan a su padre o a su madre, o cometen otros homicidios. La ley es para los que cometen inmoralidades sexuales o los que practican la homosexualidad o los traficantes de esclavos, los mentirosos, los que no cumplen sus promesas o los que hacen cualquier otra cosa que contradiga la sana enseñanza que proviene de la gloriosa Buena Noticia, que me confió nuestro bendito Dios.

1 Timoteo 1:9-11, NTV

Hijo mío, ¿Por qué perder la cabeza por la mujer ajena?

Proverbios 5:20, RVC

¿No se dan cuenta de que los que hacen lo malo no heredarán el reino de Dios? No se engañen a sí mismos. Los que se entregan al pecado sexual o rinden culto a ídolos o cometen adulterio o son prostitutos o practican la homosexualidad o son ladrones o avaros o borrachos o insultan o estafan a la gente: ninguno de esos heredará el reino de Dios. Algunos de ustedes antes eran así; pero fueron limpiados; fueron hechos santos; fueron hechos justos ante Dios al invocar el nombre del Señor Jesucristo y por el Espíritu de nuestro Dios.

1 Corintios 6:9-11, NTV

Guarda, hijo mío, el mandamiento de tu padre, y no dejes la enseñanza de tu madre; átalos siempre en tu corazón, enlázalos a tu cuello. Te guiarán cuando andes; cuando duermas te guardarán; hablarán contigo cuando despiertes. Porque el mandamiento es lámpara, y la enseñanza es luz, y camino de vida las represiones que te instruyen, para que te guarden de la mala mujer, de la blandura de la lengua de la mujer extraña. No codicies su hermosura en tu corazón, ni ella te prenda con sus ojos; porque a causa de la mujer ramera el hombre es reducido a un bocado de pan; y la mujer caza la preciosa alma del varón. ¿Tomará el hombre fuego en su seno sin que sus vestidos ardan? ¿Andará el hombre sobre brasas sin que sus pies se quemen? Así es el que se llega a la mujer de su prójimo; no quedará impune ninguno que la tocare.

PROVERBIOS 6:20-29, RV60

Por lo demás, hermanos, les rogamos y animamos en el Señor Jesús a que cada día su comportamiento sea más y más agradable a Dios, que es como debe ser, de acuerdo con lo que han aprendido de nosotros. Ustedes ya conocen las instrucciones que les dimos de parte del Señor Jesús. La voluntad de Dios es que ustedes sean santificados, que se aparten de toda inmoralidad sexual, que cada uno de ustedes sepa tener su propio cuerpo en santidad y honor, y no en pasiones desordenadas, como la gente que no conoce a Dios.

1 TESALONICENSES 4:1-5, RVC

Todo me está permitido, pero no todo me conviene. Todo me está permitido, pero no permitiré que nada me domine. Los alimentos son para el estómago, y el estómago es para los alimentos, pero Dios destruirá tanto al uno como a los otros. Y el cuerpo no es para la inmoralidad sexual, sino para el Señor, y el Señor es para el cuerpo.

1 CORINTIOS 6:12-13, RVC

No cometerás adulterio.

ÉXODO 20:14, RV60

Huyan de la inmoralidad sexual. Cualquier otro pecado que el hombre cometa, ocurre fuera del cuerpo; pero el que comete inmoralidad sexual peca contra su propio cuerpo. ¿Acaso ignoran que el cuerpo de ustedes es templo del Espíritu Santo, que está en ustedes, y que recibieron de parte de Dios, y que ustedes no son dueños de sí mismos?

1 CORINTIOS 6:18-19, RVC

Engañoso es el corazón más que todas las cosas, y perverso; ¿quién lo conocerá? Yo Jehová, que escudriño la mente, que pruebo el corazón, para dar a cada uno según su camino, según el fruto de sus obras.

JEREMÍAS 17:9-10, RV60

Si confesamos nuestros pecados, él es fiel y justo para perdonar nuestros pecados, y limpiarnos de toda maldad.

1 JUAN 1:9, RV60

Y él es la propiciación por nuestros pecados; y no solamente por los nuestros, sino también por los de todo el mundo.

1 JUAN 2:2, RVC

No practiques la homosexualidad, al tener relaciones sexuales con un hombre como si fuera una mujer. Es un pecado detestable. Un hombre no debe contaminarse a sí mismo al tener sexo con un animal. Tampoco una mujer se ofrecerá a un animal macho a fin de tener relaciones sexuales. Eso es un acto perverso. No se contaminen con ninguna de estas prácticas (...)

LEVÍTICO 18:22-24, NTV

Ustedes han oído que fue dicho: «No cometerás adulterio». Pero yo les digo que cualquiera que mira con deseos a una mujer, ya adulteró con ella en su corazón.

Mateo 5:27-28, RVC

Si un hombre practica la homosexualidad, al tener relaciones sexuales con otro hombre como si fuera una mujer, ambos han cometido un acto detestable. Ambos serán ejecutados, pues son culpables de un delito de muerte.

Levítico 20:13, NTV

Deléitate en el Señor, y él te concederá los deseos de tu corazón. Entrega al Señor todo lo que haces; confía en él, y él te ayudará.

Salmo 37:4-5, NTV

Dios mío, ¡cuán preciosa es tu misericordia! ¡La humanidad se acoge a la sombra de tus alas!

Salmo 26:7, RVC

Bebe el agua de tu propio pozo; comparte tu amor únicamente con tu esposa.

Proverbios 5:15, NTV

El que habita al abrigo del Altísimo morará bajo la sombra del Omnipotente. Diré yo a Jehová: Esperanza mía, y castillo mío; mi Dios, en quien confiaré. Él te librará del lazo del cazador, de la peste destructora.

Salmo 91:1-3, RV60

Lo que la Biblia dice acerca de...

EL ABUSO DE SUSTANCIAS

¿Acaso ignoran que el cuerpo de ustedes es templo del Espíritu Santo, que está en ustedes, y que recibieron de parte de Dios, y que ustedes no son dueños de sí mismos? Porque ustedes han sido comprados; el precio de ustedes ya ha sido pagado. Por lo tanto, den gloria a Dios en su cuerpo y en su espíritu, los cuales son de Dios.

1 CORINTIOS 6:19-20, RVC

No se emborrachen con vino, lo cual lleva al desenfreno; más bien, llénense del Espíritu.

EFESIOS 5:18, RVC

El ladrón no viene sino para hurtar, matar y destruir; yo he venido para que tengan vida, y para que la tengan en abundancia.

JUAN 10:10, RVC

Dos son mejor que uno, porque sacan más provecho de sus afanes. Si uno de ellos se tropieza, el otro lo levanta. ¡Pero ay de aquel que tropieza y no hay quien lo levante!

ECLESIASTÉS 4:9-10, RVC

Si decimos que no tenemos pecado, nos engañamos a nosotros mismos, y la verdad no está en nosotros. Si confesamos nuestros pecados, él es fiel y justo para perdonar nuestros pecados, y limpiarnos de toda maldad.

1 JUAN 1:8-9, RV60

Toda persona debe someterse a las autoridades de gobierno, pues toda autoridad proviene de Dios, y los que ocupan puestos de autoridad están allí colocados por Dios. Por lo tanto, cualquiera que se rebele contra la autoridad se rebela contra lo que Dios ha instituido, y será castigado. Pues las autoridades no infunden temor a los que hacen lo que está bien, sino en los que hacen lo que está mal. ¿Quieres vivir sin temor a las autoridades? Haz lo correcto, y ellas te honrarán. Las autoridades están al servicio de Dios para tu bien; pero si estás haciendo algo malo, por supuesto que deberías tener miedo, porque ellas tienen poder para castigarte. Están al servicio de Dios para cumplir el propósito específico de castigar a los que hacen lo malo. Por eso tienes que someterte a ellas, no solo para evitar el castigo, sino para mantener tu conciencia limpia.

ROMANOS 13:1-5, NTV

La noche ya casi llega a su fin; el día de la salvación amanecerá pronto. Por eso, dejen de lado sus actos oscuros como si se quitaran ropa sucia, y pónganse la armadura resplandeciente de la vida recta. Ya que nosotros pertenecemos al día, vivamos con decencia a la vista de todos. No participen en la oscuridad de las fiestas desenfrenadas y de las borracheras, ni vivan en promiscuidad sexual e inmoralidad, ni se metan en peleas, ni tengan envidia. Más bien, vístanse con la presencia del Señor Jesucristo. Y no se permitan pensar en formas de complacer los malos deseos.

Romanos 13:12-14, NTV

Hijo mío, escúchame y adquiere sabiduría. Deja que tu corazón enderece el rumbo. No te juntes con los que se hartan de vino ni con los que se atiborran de carne, porque unos y otros se quedarán pobres, y por indolentes acabarán cubiertos de harapos. La verdad y la sabiduría, la enseñanza y la inteligencia, son algo que debes comprar y nunca vender.

Proverbios 23:19-21,23, RVC

Descarguen en él todas sus angustias, porque él tiene cuidado de ustedes. Sean prudentes y manténganse atentos, porque su enemigo es el diablo, y él anda como un león rugiente, buscando a quien devorar.

1 Pedro 5:7-8, RVC

Bendito sea el Dios y Padre de nuestro Señor Jesucristo, Padre de misericordias y Dios de toda consolación, quien nos consuela en todas nuestras tribulaciones, para que también nosotros podamos consolar a los que están sufriendo, por medio de la consolación con que nosotros somos consolados por Dios.

2 Corintios 1:3-4, RVC

Lo que la Biblia dice acerca de...
LA GRACIA DE DIOS

Y con gran poder los apóstoles daban testimonio de la resurrección del Señor Jesús, y abundante gracia era sobre todos ellos.

Hechos 4:33, RV60

No te apartes de la misericordia y la verdad; átalas alrededor de tu cuello, escríbelas en la tabla de tu corazón. Así contarás con el favor de Dios, y con una buena opinión ante los hombres. Confía en el Señor de todo corazón, y no te apoyes en tu propia prudencia. Reconócelo en todos tus caminos, y él enderezará tus sendas.

Proverbios 3:3-6, RVC

Tú, Dios y Señor, eres sol y escudo; tú, Señor, otorgas bondad y gloria a los que siguen el camino recto, y no les niegas ningún bien.

Salmo 84:11, RVC

Y Jehová dijo a Moisés: También haré esto que has dicho, por cuanto has hallado gracia en mis ojos, y te he conocido por tu nombre. Él entonces dijo: Te ruego que me muestres tu gloria. Y le respondió: Yo haré pasar todo mi bien delante de tu rostro, y proclamaré el nombre de Jehová delante de ti; y tendré misericordia del que tendré misericordia, y seré clemente para con el que seré clemente.

ÉXODO 33:17-19, RV60

Me diste vida y me llenaste de amor; con tus cuidados protegiste mi espíritu.

JOB 10:12, RVC

Tú, Señor, bendices al hombre justo; tu favor lo rodea, como un escudo.

SALMO 5:12, RVC

Dios decidió de antemano adoptarnos como miembros de su familia al acercarnos a sí mismo por medio de Jesucristo. Eso es precisamente lo que él quería hacer, y le dio gran gusto hacerlo. De manera que alabamos a Dios por la abundante gracia que derramó sobre nosotros, los que pertenecemos a su Hijo amado. Dios es tan rico en gracia y bondad que compró nuestra libertad con la sangre de su Hijo y perdonó nuestros pecados.

EFESIOS 1:5-7, NTV

Vete de delante del hombre necio, porque en él no hallarás labios de ciencia. La ciencia del prudente está en entender su camino; mas la indiscreción de los necios es engaño. Los necios se mofan del pecado; mas entre los rectos hay buena voluntad.

PROVERBIOS 14:7-9, RV60

Y es que tú, Señor, con tu bondad, me mantenías firme como un baluarte. Pero me diste la espalda, y quedé aterrado. A ti, Señor, seguiré clamando, y jamás dejaré de suplicarte.

SALMO 30:7-8, RVC

El Señor no nos olvida, y nos bendecirá; bendecirá al pueblo de Israel; bendecirá a los descendientes de Aarón; bendecirá a los que le temen; bendecirá a los débiles y a los poderosos.

SALMO 115:12-13, RVC

Hay bendiciones sobre la cabeza del justo; pero violencia cubrirá la boca de los impíos. La bendición de Jehová es la que enriquece, y no añade tristeza con ella. Lo que el impío teme, eso le vendrá; pero a los justos les será dado lo que desean.

PROVERBIOS 10:6,22,24, RV60

Pues nosotros padecemos todas estas cosas por amor a ustedes, para que al multiplicarse la gracia por medio de muchos, más se multipliquen los que den gracias, para la gloria de Dios.

2 CORINTIOS 4:15, RVC

Así que acerquémonos con toda confianza al trono de la gracia de nuestro Dios. Allí recibiremos su misericordia y encontraremos la gracia que nos ayudará cuando más la necesitemos.

HEBREOS 4:16, NTV

Lo que la Biblia dice acerca de...
EL ESPÍRITU SANTO

¿Acaso ignoran que el cuerpo de ustedes es templo del Espíritu Santo, que está en ustedes, y que recibieron de parte de Dios, y que ustedes no son dueños de sí mismos?

1 Corintios 6:19, RVC

Y esa esperanza no acabará en desilusión. Pues sabemos con cuánta ternura nos ama Dios, porque nos ha dado el Espíritu Santo para llenar nuestro corazón con su amor.

Romanos 5:5, NTV

Y yo rogaré al Padre, y él les dará otro Consolador, para que esté con ustedes para siempre: es decir, el Espíritu de verdad, al cual el mundo no puede recibir porque no lo ve, ni lo conoce; pero ustedes lo conocen, porque permanece con ustedes, y estará en ustedes. No los dejaré huérfanos; vendré a ustedes. Dentro de poco, el mundo no me verá más; pero ustedes me verán; y porque yo vivo, ustedes también vivirán. En aquel día ustedes sabrán que yo estoy en mi Padre, y que ustedes están en mí, y que yo estoy en ustedes.

Juan 14:16-20, RVC

Pero les digo la verdad: les conviene que yo me vaya; porque si no me voy, el Consolador no vendrá a ustedes; pero si me voy, yo se lo enviaré. Y cuando él venga, convencerá al mundo de pecado, de justicia y de juicio. De pecado, por cuanto no creen en mí. Él me glorificará, porque tomará de lo mío y se lo hará saber.

JUAN 16:7-9,14, RVC

Yo bautizo con agua a los que se arrepienten de sus pecados y vuelven a Dios, pero pronto viene alguien que es superior a mí, tan superior que ni siquiera soy digno de ser su esclavo y llevarle las sandalias. Él los bautizará con el Espíritu Santo y con fuego.

MATEO 3:11, NTV

El que cree en mí, como dice la Escritura, de su interior correrán ríos de agua viva. Esto dijo del Espíritu que habían de recibir los que creyesen en él; pues aún no había venido el Espíritu Santo, porque Jesús no había sido aún glorificado.

JUAN 7:38-39, RV60

Mientras Apolos estaba en Corinto, Pablo estuvo recorriendo las regiones altas. Y sucedió que, cuando llegó a Éfeso, se encontró con algunos discípulos y les preguntó: «¿Ustedes recibieron el Espíritu Santo cuando creyeron en el Señor Jesús?». Y ellos respondieron: «No, ¡ni siquiera habíamos oído hablar del Espíritu Santo!». Pablo les preguntó entonces: «¿Pues qué enseñanza recibieron al ser bautizados?». Y ellos respondieron: «La del bautismo de Juan». Pablo les dijo: «El bautismo de Juan enseñaba el arrepentimiento. Le decía al pueblo que tenía que creer en el que vendría después de él, es decir, en Jesús». Al oír esto, pidieron ser bautizados en el nombre del Señor Jesús. Cuando Pablo les impuso las manos sobre la cabeza, el Espíritu Santo vino sobre ellos, y empezaron a hablar en lenguas y a profetizar.

Hechos 19:1-6, RVC

Por eso les digo: dejen que el Espíritu Santo los guíe en la vida. Entonces no se dejarán llevar por los impulsos de la naturaleza pecaminosa. La naturaleza pecaminosa desea hacer el mal, que es precisamente lo contrario de lo que quiere el Espíritu. Y el Espíritu nos da deseos que se oponen a lo que desea la naturaleza pecaminosa. Estas dos fuerzas luchan constantemente entre sí, entonces ustedes no son libres para llevar a cabo sus buenas intenciones.

Gálatas 5:16-17, NTV

Mientras estaban juntos, les mandó que no se fueran de Jerusalén, sino que les dijo: «Esperen la promesa del Padre, la cual ustedes oyeron de mí. Como saben, Juan bautizó con agua, pero dentro de algunos días ustedes serán bautizados con el Espíritu Santo». Y él les respondió: «No les toca a ustedes saber el tiempo ni el momento, que son del dominio del Padre. Pero cuando venga sobre ustedes el Espíritu Santo recibirán poder, y serán mis testigos en Jerusalén, en Judea, en Samaria, y hasta lo último de la tierra».

Hechos 1:4-5,7-8, RVC

No se emborrachen con vino, lo cual lleva al desenfreno; más bien, llénense del Espíritu. Hablen entre ustedes con salmos, himnos y cánticos espirituales; canten y alaben al Señor con el corazón, y den siempre gracias por todo al Dios y Padre, en el nombre de nuestro Señor Jesucristo.

EFESIOS 5:18-20, RVC

Todos ellos fueron llenos del Espíritu Santo, y comenzaron a hablar en otras lenguas, según el Espíritu los llevaba a expresarse.

HECHOS 2:4, RVC

Y Pedro les dijo: «Arrepiéntanse, y bautícense todos ustedes en el nombre de Jesucristo, para que sus pecados les sean perdonados. Entonces recibirán el don del Espíritu Santo.

HECHOS 2:38, RVC

Cuando terminaron de orar, el lugar donde estaban congregados se sacudió, y todos fueron llenos del Espíritu Santo y proclamaban la palabra de Dios sin ningún temor.

HECHOS 4:31, RVC

Los apóstoles que estaban en Jerusalén se enteraron de que en Samaria se había recibido la palabra de Dios, y enviaron a Pedro y a Juan. Cuando éstos llegaron, oraron por ellos para que recibieran el Espíritu Santo, porque el Espíritu aún no había descendido sobre ninguno de ellos, ya que sólo habían sido bautizados en el nombre de Jesús. En cuanto les impusieron las manos, recibieron el Espíritu Santo.

HECHOS 8:14-17, RVC

Mientras Pedro les hablaba así, el Espíritu Santo cayó sobre todos los que lo escuchaban. Los judíos circuncidados que habían acompañado a Pedro estaban atónitos de que también los no judíos recibieran el don del Espíritu Santo, pues los oían hablar en lenguas y magnificar a Dios. Entonces Pedro dijo: «¿Hay algún impedimento para que no sean bautizadas en agua estas personas, que también han recibido el Espíritu Santo, como nosotros?».

HECHOS 10:44-47, RVC

Lo que la Biblia dice acerca de...

LA FIDELIDAD DE DIOS

Oh Señor, tu amor inagotable llena la tierra; enséñame tus decretos. Señor, has hecho muchas cosas buenas a mi favor tal como lo prometiste.

Salmo 119:64-65, NTV

Y el mismo Dios de paz os santifique por completo; y todo vuestro ser, espíritu, alma y cuerpo, sea guardado irreprensible para la venida de nuestro Señor Jesucristo. Fiel es el que os llama, el cual también lo hará.

1 Tesalonicenses 5:23-24, RV60

Esto será para mí semejante a los días de Noé, cuando juré que nunca más las aguas del diluvio volverían a cubrir la tierra: Ya he jurado que no volveré a enojarme contra ti, ni te reñiré. Podrán moverse los montes, podrán temblar las colinas, pero mi misericordia jamás se apartará de ti, ni se romperá mi pacto de paz contigo. Lo digo yo, el Señor, quien tiene de ti misericordia.

Isaías 54:9-10, RVC

"(...) El arco estará en las nubes, y yo lo veré y me acordaré de mi pacto perpetuo. Es el pacto entre Dios y todo ser vivo, con todos los seres que hay sobre la tierra». Dios también le dijo a Noé: «Ésta es la señal del pacto que he establecido con todos los seres vivos que habitan sobre la tierra».

GÉNESIS 9:16-17, RVC

Date cuenta de que yo estoy contigo. Yo te protegeré por dondequiera que vayas, y volveré a traerte a esta tierra. No te dejaré ni un momento, hasta que haya hecho lo que te he dicho.

GÉNESIS 28:15, RVC

Fiel es Dios, quien los ha llamado a tener comunión con su Hijo Jesucristo, nuestro Señor.

1 CORINTIOS 1:9, RVC

A ustedes no les ha sobrevenido ninguna tentación que no sea humana; pero Dios es fiel y no permitirá que ustedes sean sometidos a una prueba más allá de lo que puedan resistir, sino que junto con la prueba les dará la salida, para que puedan sobrellevarla.

1 CORINTIOS 10:13, RVC

Si fuéremos infieles, él permanece fiel; Él no puede negarse a sí mismo. Pero el fundamento de Dios está firme, teniendo este sello: Conoce el Señor a los que son suyos; y: Apártese de iniquidad todo aquel que invoca el nombre de Cristo.

2 TIMOTEO 2:13,19, RV60

Más bien, fue sencillamente porque el Señor te ama y estaba cumpliendo el juramento que les había hecho a tus antepasados. Por eso te rescató con mano poderosa de la esclavitud y de la mano opresiva del faraón, rey de Egipto. Reconoce, por lo tanto, que el Señor tu Dios es verdaderamente Dios. Él es Dios fiel, quien cumple su pacto por mil generaciones y derrama su amor inagotable sobre quienes lo aman y obedecen sus mandatos.

Deuteronomio 7:8-9, NTV

Y he aquí que yo estoy para entrar hoy por el camino de toda la tierra; reconoced, pues, con todo vuestro corazón y con toda vuestra alma, que no ha faltado una palabra de todas las buenas palabras que Jehová vuestro Dios había dicho de vosotros; todas os han acontecido, no ha faltado ninguna de ellas.

Josué 23:14, RV60

Bendito sea el Señor, que le ha dado paz a su pueblo Israel, conforme a su promesa, sin dejar de cumplir ninguna de las promesas que le hizo a Moisés. Que el Señor nuestro Dios esté con nosotros, como estuvo con nuestros primeros padres, y que no nos desampare ni nos abandone. Que nuestra voluntad se rinda ante él para que podamos andar por sus caminos y cumplamos sus mandamientos, estatutos y decretos, los cuales dio a nuestros primeros padres.

1 Reyes 8:56-58, RVC

Jehová, hasta los cielos llega tu misericordia, y tu fidelidad alcanza hasta las nubes.

Salmo 36:5, RV60

Por siempre alabaré la misericordia del Señor; de una generación a otra, mis labios exaltarán tu fidelidad. Por siempre afirmaré que tu misericordia se mantendrá firme en los cielos, y que en ellos se afirmará tu verdad. En una visión a tus santos, y dijiste: «He brindado mi apoyo a un guerrero; he escogido a un joven de mi pueblo» (...) No me olvidaré de mi pacto, ni me retractaré de lo que he prometido.

SALMO 89:1-2,19,34, RVC

No dará tu pie al resbaladero, ni se dormirá el que te guarda. Jehová te guardará de todo mal; Él guardará tu alma. Jehová guardará tu salida y tu entrada desde ahora y para siempre.

SALMO 121:3,7-8, RV60

El Señor no se tarda para cumplir su promesa, como algunos piensan, sino que nos tiene paciencia y no quiere que ninguno se pierda, sino que todos se vuelvan a él.

2 PEDRO 3:9, RVC

Lo que la Biblia dice acerca de...
LA IGLESIA

Y el plan es el siguiente: a su debido tiempo, Dios reunirá todas las cosas y las pondrá bajo la autoridad de Cristo, todas las cosas que están en el cielo y también las que están en la tierra. Dios ha puesto todo bajo la autoridad de Cristo, a quien hizo cabeza de todas las cosas para beneficio de la iglesia. Y la iglesia es el cuerpo de Cristo; él la completa y la llena, y también es quien da plenitud a todas las cosas en todas partes con su presencia.

EFESIOS 1:10,22-23, NTV

(...) el cual nos ha librado de la potestad de las tinieblas, y trasladado al reino de su amado Hijo (...) y él es la cabeza del cuerpo que es la iglesia, él que es el principio, el primogénito de entre los muertos, para que en todo tenga la preeminencia (...)

COLOSENSES 1:13,18, RV60

Nadie ha odiado jamás a su propio cuerpo, sino que lo sustenta y lo cuida, como lo hace Cristo con la iglesia, porque somos miembros de su cuerpo, de su carne y de sus huesos.

EFESIOS 5:29-30, RVC

Él les preguntó: «Y ustedes, ¿quién dicen que soy yo?». Simón Pedro respondió: «¡Tú eres el Cristo, el Hijo del Dios viviente!». Entonces Jesús le dijo: «Bienaventurado eres, Simón, hijo de Jonás, porque no te lo reveló ningún mortal, sino mi Padre que está en los cielos. Y yo te digo que tú eres Pedro, y sobre esta roca edificaré mi iglesia, y las puertas del Hades no podrán vencerla».

Mateo 16:15-18, RVC

Juntos constituimos su casa, la cual está edificada sobre el fundamento de los apóstoles y los profetas. Y la piedra principal es Cristo Jesús mismo. Estamos cuidadosamente unidos en él y vamos formando un templo santo para el Señor. Por medio de él, ustedes, los gentiles, también llegan a formar parte de esa morada donde Dios vive mediante su Espíritu.

Efesios 2:20-22, NTV

Acuérdense de sus pastores, que les dieron a conocer la palabra de Dios. Piensen en los resultados de su conducta, e imiten su fe. Jesucristo es el mismo ayer, hoy, y por los siglos. Obedezcan a sus pastores, y respétenlos. Ellos cuidan de ustedes porque saben que tienen que rendir cuentas a Dios. Así ellos cuidarán de ustedes con alegría, y sin quejarse; de lo contrario, no será provechoso para ustedes.

Hebreos 13:7-8,17, RVC

Un profundo temor reverente vino sobre todos ellos, y los apóstoles realizaban muchas señales milagrosas y maravillas. Todos los creyentes se reunían en un mismo lugar y compartían todo lo que tenían. Vendían sus propiedades y posesiones y compartían el dinero con aquellos en necesidad. Adoraban juntos en el templo cada día, se reunían en casas para la Cena del Señor y compartían sus comidas con gran gozo y generosidad, todo el tiempo alabando a Dios y disfrutando de la buena voluntad de toda la gente. Y cada día el Señor agregaba a esa comunidad cristiana los que iban siendo salvos.

HECHOS 2:42-47, NTV

Y a Aquel que es poderoso para hacer todas las cosas mucho más abundantemente de lo que pedimos o entendemos, según el poder que actúa en nosotros, a él sea gloria en la iglesia en Cristo Jesús por todas las edades, por los siglos de los siglos. Amén.

EFESIOS 3:20-21, RV60

Cuídense de que nadie los engañe mediante filosofías y huecas sutilezas, que siguen tradiciones humanas y principios de este mundo, pero que no van de acuerdo con Cristo. Porque en él habita corporalmente toda la plenitud de la Deidad, y en él, que es la cabeza de toda autoridad y poder, ustedes reciben esa plenitud.

COLOSENSES 2:8-10, RVC

Porque de la manera que en un cuerpo tenemos muchos miembros, pero no todos los miembros tienen la misma función, así nosotros, siendo muchos, somos un cuerpo en Cristo, y todos miembros los unos de los otros. De manera que, teniendo diferentes dones, según la gracia que nos es dada, si el de profecía, úsese conforme a la medida de la fe; o si de servicio, en servir; o el que enseña, en la enseñanza; el que exhorta, en la exhortación; el que reparte, con liberalidad; el que preside, con solicitud; el que hace misericordia, con alegría.

ROMANOS 12:4-8, RV60

Porque así como el cuerpo es uno solo, y tiene muchos miembros, pero todos ellos, siendo muchos, conforman un solo cuerpo, así también Cristo es uno solo. Por un solo Espíritu todos fuimos bautizados en un solo cuerpo, tanto los judíos como los no judíos, lo mismo los esclavos que los libres, y a todos se nos dio a beber de un mismo Espíritu. Además, el cuerpo no está constituido por un solo miembro, sino por muchos. Aun cuando el pie diga: «Yo no soy mano, así que no soy del cuerpo», no dejará de ser parte del cuerpo. Y aun cuando la oreja diga: «Yo no soy ojo, así que no soy del cuerpo», tampoco dejará de ser parte del cuerpo. Si todo el cuerpo fuera ojo, ¿dónde estaría el oído? Y si todo fuera oído, ¿dónde estaría el olfato? Pero Dios ha colocado a cada miembro del cuerpo donde mejor le pareció. Porque, si todos fueran un solo miembro, ¿dónde estaría el cuerpo? Lo cierto es que son muchos los miembros, pero el cuerpo es uno solo. Ni el ojo puede decir a la mano: «No te necesito», ni tampoco puede la cabeza decir a los pies: «No los necesito». En realidad, los miembros del cuerpo que parecen ser los más débiles, son los más necesarios, y a los que nos parecen menos dignos, los vestimos con mayor dignidad; y a los que nos parecen menos decorosos, los tratamos con más decoro. Porque eso no les hace falta a los que nos parecen más decorosos. Pero Dios ordenó el cuerpo de tal manera, que dio mayor honor al que le faltaba, para que no haya divisiones en el cuerpo, sino que todos los miembros se preocupen los unos por los otros. De manera que, si uno de los miembros padece, todos los miembros se conduelen, y si uno de los miembros recibe honores, todos los miembros se regocijan con él. Ahora bien, ustedes son el cuerpo de Cristo, y cada uno de ustedes es un miembro con una función particular. En la iglesia Dios ha puesto, en primer lugar, apóstoles, luego profetas, y en tercer lugar, maestros; luego están los que hacen milagros, después los que sanan, los que ayudan, los que administran, y los que tienen don de lenguas.

1 Corintios 12:12-28, RVC

Amados hermanos, honren a sus líderes en la obra del Señor. Ellos trabajan arduamente entre ustedes y les dan orientación espiritual. Ténganles mucho respeto y de todo corazón demuéstrenles amor por la obra que realizan. Y vivan en paz unos con otros. Hermanos, les rogamos que amonesten a los perezosos. Alienten a los tímidos. Cuiden con ternura a los débiles. Sean pacientes con todos.

1 Tesalonicenses 5:12-13, RV60

Y él mismo constituyó a unos, apóstoles; a otros, profetas; a otros, evangelistas; a otros, pastores y maestros, a fin de perfeccionar a los santos para la obra del ministerio, para la edificación del cuerpo de Cristo, hasta que todos lleguemos a estar unidos por la fe y el conocimiento del Hijo de Dios; hasta que lleguemos a ser un hombre perfecto, a la medida de la estatura de la plenitud de Cristo.

Efesios 4:11-13, RVC

Lo que la Biblia
dice acerca de...
EL DISCIPULADO

Y Jesús se acercó y les habló diciendo: Toda potestad me es dada en el cielo y en la tierra. Por tanto, id, y haced discípulos a todas las naciones, bautizándolos en el nombre del Padre, y del Hijo, y del Espíritu Santo; enseñándoles que guarden todas las cosas que os he mandado; y he aquí yo estoy con vosotros todos los días, hasta el fin del mundo. Amén.

MATEO 28:18-20, RV60

El discípulo no es superior a su maestro, pero el que complete su aprendizaje será como su maestro.

LUCAS 6:40; RVC

Después de eso, Bernabé se fue a Tarso para buscar a Saulo, y cuando lo encontró lo llevó a Antioquía. Durante todo un año se congregaron con la iglesia y enseñaron a mucha gente. Y fue allí en Antioquía en donde a los discípulos de Jesús se les llamó cristianos por primera vez.

HECHOS 11:25-26, RVC

Y decía a todos: Si alguno quiere venir en pos de mí, niéguese a sí mismo, tome su cruz cada día, y sígame. Porque todo el que quiera salvar su vida, la perderá; y todo el que pierda su vida por causa de mí, éste la salvará. Pues ¿qué aprovecha al hombre, si gana todo el mundo, y se destruye o se pierde a sí mismo? Porque el que se avergonzare de mí y de mis palabras, de éste se avergonzará el Hijo del Hombre cuando venga en su gloria, y en la del Padre, y de los santos ángeles.

Lucas 9:23-26, RVC

Si alguno viene a mí, y no renuncia a su padre y a su madre, ni a su mujer y sus hijos, ni a sus hermanos y hermanas, y ni siquiera a su propia vida, no puede ser mi discípulo.

Lucas 14:26, RVC

Pensemos en maneras de motivarnos unos a otros a realizar actos de amor y buenas acciones. Y no dejemos de congregarnos, como lo hacen algunos, sino animémonos unos a otros, sobre todo ahora que el día de su regreso se acerca.

Hebreos 10:24-25, NTV

Yendo ellos, uno le dijo en el camino: Señor, te seguiré adondequiera que vayas. Y le dijo Jesús: Las zorras tienen guaridas, y las aves de los cielos nidos; mas el Hijo del Hombre no tiene dónde recostar la cabeza. Y dijo a otro: Sígueme. Él le dijo: Señor, déjame que primero vaya y entierre a mi padre. Jesús le dijo: Deja que los muertos entierren a sus muertos; y tú ve, y anuncia el reino de Dios. Entonces también dijo otro: Te seguiré, Señor; pero déjame que me despida primero de los que están en mi casa. Y Jesús le dijo: Ninguno que poniendo su mano en el arado mira hacia atrás, es apto para el reino de Dios.

Lucas 9:57-62, RV60

Todo lo puedo en Cristo que me fortalece.

FILIPENSES 4:13, RV60

Si alguno me sirve, sígame; donde yo esté, allí también estará mi servidor. Si alguno me sirve, mi Padre lo honrará.

JUAN 12:16, RVC

Después de estas cosas salió, y vio a un publicano llamado Leví, sentado al banco de los tributos públicos, y le dijo: Sígueme. Y dejándolo todo, se levantó y le siguió.

LUCAS 5:27-28, RV

Y ciertamente, aun estimo todas las cosas como pérdida por la excelencia del conocimiento de Cristo Jesús, mi Señor, por amor del cual lo he perdido todo, y lo tengo por basura, para ganar a Cristo, y ser hallado en él, no teniendo mi propia justicia, que es por la ley, sino la que es por la fe de Cristo, la justicia que es de Dios por la fe.

FILIPENSES 3:8-9, RV60

Lo que has oído de mí ante muchos testigos, esto encarga a hombres fieles que sean idóneos para enseñar también a otros.

2 TIMOTEO 2:2, RVC

Lo que la Biblia dice acerca de...

LA MAYORDOMÍA

«¿Habrá quien pueda robarle a Dios? ¡Pues ustedes me han robado! Y sin embargo, dicen: "¿Cómo está eso de que te hemos robado?". ¡Pues me han robado en sus diezmos y ofrendas! Malditos sean todos ustedes, porque como nación me han robado. Entreguen completos los diezmos en mi tesorería, y habrá alimento en mi templo. Con esto pueden ponerme a prueba: verán si no les abro las ventanas de los cielos y derramo sobre ustedes abundantes bendiciones. Lo digo yo, el Señor de los ejércitos. Además, reprenderé a esos insectos que todo lo devoran, para que no destruyan los productos de la tierra, ni dejen sin uvas sus viñedos. Lo digo yo, el Señor de los ejércitos. Todas las naciones dirán que ustedes son bienaventurados, porque serán una nación envidiable. Lo digo yo, el Señor de los ejércitos.»

Malaquías 3:8-12, RVC

En cuanto a la ofrenda para los santos, haced vosotros también de la manera que ordené en las iglesias de Galacia. Cada primer día de la semana cada uno de vosotros ponga aparte algo, según haya prosperado (...)

1 Corintios 16:1-2, RV60

Pero esto digo: El que siembra escasamente, también segará escasamente; y el que siembra generosamente, generosamente también segará. Cada uno dé como propuso en su corazón: no con tristeza, ni por necesidad, porque Dios ama al dador alegre. Y poderoso es Dios para hacer que abunde en vosotros toda gracia, a fin de que, teniendo siempre en todas las cosas todo lo suficiente, abundéis para toda buena obra.

2 Corintios 9:6-8, RV60

Trabajen de buena gana en todo lo que hagan, como si fuera para el Señor y no para la gente. Recuerden que el Señor los recompensará con una herencia y que el Amo a quien sirven es Cristo.

Colosenses 3:23-24, NTV

—Así es —respondió Jesús—, y les aseguro que todo el que haya dejado casa o hermanos o hermanas o madre o padre o hijos o bienes por mi causa y por la Buena Noticia recibirá ahora a cambio cien veces más el número de casas, hermanos, hermanas, madres, hijos y bienes, junto con persecución; y en el mundo que vendrá, esa persona tendrá la vida eterna.

Marcos 10:29-30, NTV

Así, pues, téngannos los hombres por servidores de Cristo, y administradores de los misterios de Dios. Ahora bien, se requiere de los administradores, que cada uno sea hallado fiel.

1 Corintios 4:1-2, RV60

Así que, si lo hago de buena voluntad, recibiré mi recompensa; pero si lo hago de mala voluntad, no hago más que cumplir con la misión que me ha sido encomendada. ¿Cuál es, pues, mi recompensa? La de predicar el evangelio de Cristo de manera gratuita, para no abusar de mi derecho en el evangelio. Porque, aunque soy libre y no dependo de nadie, me he hecho esclavo de todos para ganar al mayor número posible.

1 Corintios 9:17-19, RVC

Dios, de su gran variedad de dones espirituales, les ha dado un don a cada uno de ustedes. Úsenlos bien para servirse los unos a los otros. ¿Has recibido el don de hablar en público? Entonces, habla como si Dios mismo estuviera hablando por medio de ti. ¿Has recibido el don de ayudar a otros? Ayúdalos con toda la fuerza y la energía que Dios te da. Así, cada cosa que hagan traerá gloria a Dios por medio de Jesucristo. ¡A él sea toda la gloria y todo el poder por siempre y para siempre! Amén.

1 Pedro 4:10-11, NTV

Y no hay cosa creada que no sea manifiesta en su presencia; antes bien todas las cosas están desnudas y abiertas a los ojos de aquel a quien tenemos que dar cuenta.

Hebreos 4:13, RV60

Si escuchas la voz del Señor tu Dios, todas estas bendiciones vendrán sobre ti, y te alcanzarán: Bendito serás tú en la ciudad, y bendito en el campo. Benditas serán tu canasta y tu artesa de amasar. Bendito serás cuando entres, y bendito cuando salgas. El Señor derrotará a tus enemigos que se levanten contra ti. Por un camino saldrán contra ti, y por siete caminos huirán de ti. El Señor enviará su bendición sobre tus graneros y sobre todo aquello en que pongas tu mano, y te bendecirá en la tierra que el Señor tu Dios te da. El Señor te abrirá su tesoro de bondad, que es el cielo, y en su tiempo te enviará la lluvia a tu tierra, y bendecirá todo lo que hagas con tus manos. Harás préstamos a muchas naciones, pero tú no pedirás prestado nada. El Señor te pondrá por cabeza, no por cola. Estarás por encima de todo, nunca por debajo, siempre y cuando obedezcas y cumplas los mandamientos del Señor tu Dios, que hoy te ordeno cumplir.

DEUTERONOMIO 28:2-3,5-8,12-13, RVC

No acumulen ustedes tesoros en la tierra, donde la polilla y el óxido corroen, y donde los ladrones minan y hurtan. Por el contrario, acumulen tesoros en el cielo, donde ni la polilla ni el óxido corroen, y donde los ladrones no minan ni hurtan. Pues donde esté tu tesoro, allí estará también tu corazón.

MATEO 6:19-21, RVC

Den, y recibirán. Lo que den a otros les será devuelto por completo: apretado, sacudido para que haya lugar para más, desbordante y derramado sobre el regazo. La cantidad que den determinará la cantidad que recibirán a cambio.

LUCAS 6:38, NTV

Por lo tanto, busquen primeramente el reino de Dios y su justicia, y todas estas cosas les serán añadidas.

MATEO 6:33, RVC

Hay quienes reparten, y les es añadido más; y hay quienes retienen más de lo que es justo, pero vienen a pobreza. El alma generosa será prosperada; y el que saciare, él también será saciado.

Proverbios 11:24-25, RV60

Nunca se apartará de tu boca este libro de la ley, sino que de día y de noche meditarás en él, para que guardes y hagas conforme a todo lo que en él está escrito; porque entonces harás prosperar tu camino, y todo te saldrá bien.

Josué 1:8, RV60

El que es confiable en lo poco, también lo es en lo mucho; y el que no es confiable en lo poco, tampoco lo es en lo mucho. Porque si en el manejo de las riquezas injustas ustedes no son confiables, ¿quién podrá confiarles lo verdadero? Y si con lo ajeno no resultan confiables, ¿quién les dará lo que les pertenece? Ningún siervo puede servir a dos señores, porque a uno lo odiará y al otro lo amará. O bien, estimará a uno y menospreciará al otro. Así que ustedes no pueden servir a Dios y a las riquezas.

Lucas 16:10-13, RVC

Así que, según tengamos oportunidad, hagamos bien a todos, y mayormente a los de la familia de la fe.

Gálatas 6:10, RVC

Pues todos tendremos que estar delante de Cristo para ser juzgados. Cada uno de nosotros recibirá lo que merezca por lo bueno o lo malo que haya hecho mientras estaba en este cuerpo terrenal.

2 Corintios 5:9-10, NTV

Compórtense sabiamente con los no creyentes, y aprovechen bien el tiempo. Procuren que su conversación siempre sea agradable y de buen gusto, para que den a cada uno la respuesta debida.

Colosenses 4:5-6, RVC

Lo que la Biblia dice acerca de...

SATANÁS

Sean prudentes y manténganse atentos, porque su enemigo es el diablo, y él anda como un león rugiente, buscando a quien devorar. Pero ustedes, manténganse firmes y háganle frente.

1 Pedro 5:8-9a, RVC

Así que humíllense delante de Dios. Resistan al diablo, y él huirá de ustedes. Acérquense a Dios, y Dios se acercará a ustedes. Lávense las manos, pecadores; purifiquen su corazón, porque su lealtad está dividida entre Dios y el mundo.

Santiago 4:7-8, NTV

Por lo demás, hermanos míos, manténganse firmes en el Señor y en el poder de su fuerza. Revístanse de toda la armadura de Dios, para que puedan hacer frente a las asechanzas del diablo. La batalla que libramos no es contra gente de carne y hueso, sino contra principados y potestades, contra los que gobiernan las tinieblas de este mundo, ¡contra huestes espirituales de maldad en las regiones celestes! Por lo tanto, echen mano de toda la armadura de Dios para que, cuando llegue el día malo, puedan resistir hasta el fin y permanecer firmes. Por tanto, manténganse firmes y fajados con el cinturón de la verdad, revestidos con la coraza de justicia, y con los pies calzados con la disposición de predicar el evangelio de la paz. Además de todo esto, protéjanse con el escudo de la fe, para que puedan apagar todas las flechas incendiarias del maligno. Cúbranse con el casco de la salvación, y esgriman la espada del Espíritu, que es la palabra de Dios. Oren en todo tiempo con toda oración y súplica en el Espíritu, y manténganse atentos, siempre orando por todos los santos.

EFESIOS 6:10-18, RVC

Pero vemos a aquel que fue hecho un poco menor que los ángeles, a Jesús, coronado de gloria y de honra, a causa del padecimiento de la muerte, para que por la gracia de Dios gustase la muerte por todos. Porque convenía a aquel por cuya causa son todas las cosas, y por quien todas las cosas subsisten, que habiendo de llevar muchos hijos a la gloria, perfeccionase por aflicciones al autor de la salvación de ellos (...) y librar a todos los que por el temor de la muerte estaban durante toda la vida sujetos a servidumbre.

HEBREOS 2:9-10,15, RV60

(...) el cual nos ha librado de la potestad de las tinieblas, y trasladado al reino de su amado Hijo.

COLOSENSES 1:13, RV60

El nombre del Señor es una fortaleza a la que el justo acude en busca de ayuda.

PROVERBIOS 18:10, RVC

Muy pronto el Dios de paz aplastará a Satanás bajo los pies de ustedes. Que la gracia de nuestro Señor Jesucristo sea con ustedes.

Romanos 16:20, RV60

Entonces oí una gran voz en el cielo, que decía: Ahora ha venido la salvación, el poder, y el reino de nuestro Dios, y la autoridad de su Cristo; porque ha sido lanzado fuera el acusador de nuestros hermanos, el que los acusaba delante de nuestro Dios día y noche. Y ellos le han vencido por medio de la sangre del Cordero y de la palabra del testimonio de ellos, y menospreciaron sus vidas hasta la muerte.

Apocalipsis 12:10-11, RV60

Amados, no crean a todo espíritu, sino pongan a prueba los espíritus, para ver si son de Dios. Porque muchos falsos profetas han salido por el mundo. Pero ésta es la mejor manera de reconocer el Espíritu de Dios: Todo espíritu que confiesa que Jesucristo ha venido en carne, es de Dios; y todo espíritu que no confiesa a Jesús, no es de Dios. Éste es el espíritu del anticristo, el cual ustedes han oído que viene, y que ya está en el mundo. Hijitos, ustedes son de Dios, y han vencido a esos falsos profetas, porque mayor es el que está en ustedes que el que está en el mundo. Ellos son del mundo. Por eso hablan del mundo, y el mundo los oye. Nosotros somos de Dios. El que conoce a Dios, nos oye; el que no es de Dios, no nos oye. Por esto sabemos cuál es el espíritu de la verdad, y cuál es el espíritu del error.

1 Juan 4:1-6, RVC

Cuando los setenta y dos discípulos regresaron, le informaron llenos de alegría:

—¡Señor, hasta los demonios nos obedecen cuando usamos tu nombre!

—Sí —les dijo—. Vi a Satanás caer del cielo como un rayo. Miren, les he dado autoridad sobre todos los poderes del enemigo; pueden caminar entre serpientes y escorpiones y aplastarlos. Nada les hará daño. Pero no se alegren de que los espíritus malignos los obedezcan; alégrense porque sus nombres están escritos en el cielo.

Lucas 10:17-20, NTV

Y estas señales seguirán a los que creen: En mi nombre echarán fuera demonios; hablarán nuevas lenguas; tomarán en las manos serpientes, y si bebieren cosa mortífera, no les hará daño; sobre los enfermos pondrán sus manos, y sanarán.

Marcos 16:17-18, RV60

Pero si yo expulso a los demonios por el poder del Espíritu de Dios, eso significa que el reino de Dios ha llegado a ustedes.

Mateo 12:28, RVC

Es verdad que aún somos seres humanos, pero no luchamos como los seres humanos. Las armas con las que luchamos no son las de este mundo, sino las poderosas armas de Dios, capaces de destruir fortalezas y de desbaratar argumentos y toda altivez que se levanta contra el conocimiento de Dios, y de llevar cautivo todo pensamiento a la obediencia a Cristo.

2 Corintios 10:3-5, RVC

Queridos hijos, no dejen que nadie los engañe acerca de lo siguiente: cuando una persona hace lo correcto, demuestra que es justa, así como Cristo es justo. Sin embargo, cuando alguien sigue pecando, demuestra que pertenece al diablo, el cual peca desde el principio; pero el Hijo de Dios vino para destruir las obras del diablo.

1 Juan 3:7-8, NTV

Les escribo a ustedes, que son hijos de Dios, porque sus pecados han sido perdonados por medio de Jesús. Les he escrito a ustedes, que son hijos de Dios, porque conocen al Padre. Les he escrito a ustedes, los que son maduros en la fe, porque conocen a Cristo, quien existe desde el principio. Les he escrito a ustedes, los que son jóvenes en la fe, porque son fuertes; la palabra de Dios vive en sus corazones, y han ganado la batalla contra el maligno.

1 Juan 2:12,14, NTV

Lo que la Biblia dice acerca de...
LA GUERRA ESPIRITUAL

Por lo demás, hermanos míos, manténganse firmes en el Señor y en el poder de su fuerza. Revístanse de toda la armadura de Dios, para que puedan hacer frente a las asechanzas del diablo. La batalla que libramos no es contra gente de carne y hueso, sino contra principados y potestades, contra los que gobiernan las tinieblas de este mundo, ¡contra huestes espirituales de maldad en las regiones celestes!

EFESIOS 6:10-12, RVC

Tú, pues, sufre penalidades como buen soldado de Jesucristo. Ninguno que milita se enreda en los negocios de la vida, a fin de agradar a aquel que lo tomó por soldado.

2 TIMOTEO 2:3-4, RV60

Oren en todo tiempo con toda oración y súplica en el Espíritu, y manténganse atentos, siempre orando por todos los santos.

EFESIOS 6:18, RVC

Por lo tanto, echen mano de toda la armadura de Dios para que, cuando llegue el día malo, puedan resistir hasta el fin y permanecer firmes. Por tanto, manténganse firmes y fajados con el cinturón de la verdad, revestidos con la coraza de justicia, y con los pies calzados con la disposición de predicar el evangelio de la paz. Además de todo esto, protéjanse con el escudo de la fe, para que puedan apagar todas las flechas incendiarias del maligno. Cúbranse con el casco de la salvación, y esgriman la espada del Espíritu, que es la palabra de Dios.

EFESIOS 6:13-17, RVC

Muy pronto el Dios de paz aplastará a Satanás bajo los pies de ustedes. Que la gracia de nuestro Señor Jesucristo sea con ustedes.

ROMANOS 16:20, RV60

Delante de Dios es justo también que se haga sufrir a quienes los hacen sufrir a ustedes, y al mismo tiempo darles un descanso a ustedes, los que sufren, lo mismo que a nosotros, cuando el Señor Jesús se manifieste desde el cielo con sus poderosos ángeles.

2 TESALONICENSES 1:6-7, RVC

Por ejemplo, jamás sacrifiques a tu hijo o a tu hija como una ofrenda quemada. Tampoco permitas que el pueblo practique la adivinación, ni la hechicería, ni que haga interpretación de agüeros, ni se mezcle en brujerías, ni haga conjuros; tampoco permitas que alguien se preste a actuar como médium o vidente, ni que invoque el espíritu de los muertos. Cualquiera que practique esas cosas es detestable a los ojos del SEÑOR. Precisamente porque las otras naciones hicieron esas cosas detestables, el SEÑOR tu Dios las expulsará de tu paso. Sin embargo, tú debes ser intachable delante del Señor tu Dios. Las naciones que estás por desplazar consultan a los adivinos y a los hechiceros, pero el Señor tu Dios te prohíbe hacer esas cosas.

Deuteronomio 18:10-14, NTV

Pero nosotros, que somos del día, seamos sobrios, habiéndonos vestido con la coraza de fe y de amor, y con la esperanza de salvación como yelmo.

1 Tesalonicenses 5:8, RV60

Verá el fruto de su propia aflicción, y se dará por satisfecho. Mi siervo justo justificará a muchos por medio de su conocimiento, y él mismo llevará las iniquidades de ellos. Por eso yo le daré parte con los grandes, y él repartirá despojos con los fuertes. Porque él derramará su vida hasta la muerte y será contado entre los pecadores; llevará sobre sí mismo el pecado de muchos, y orará en favor de los pecadores.

Isaías 3:11-12, RVC

Es verdad que aún somos seres humanos, pero no luchamos como los seres humanos. Las armas con las que luchamos no son las de este mundo, sino las poderosas armas de Dios, capaces de destruir fortalezas y de desbaratar argumentos y toda altivez que se levanta contra el conocimiento de Dios, y de llevar cautivo todo pensamiento a la obediencia a Cristo.

2 Corintios 10:3-5, RVC

Y el Señor me librará de toda obra mala, y me preservará

para su reino celestial. A él sea gloria por los siglos de los siglos. Amén.

2 Timoteo 4:18, RV60

Sean prudentes y manténganse atentos, porque su enemigo es el diablo, y él anda como un león rugiente, buscando a quien devorar.

1 Pedro 5:8, RVC

Debido a que los hijos de Dios son seres humanos —hechos de carne y sangre— el Hijo también se hizo de carne y sangre. Pues solo como ser humano podía morir y solo mediante la muerte podía quebrantar el poder del diablo, quien tenía el poder sobre la muerte. Únicamente de esa manera el Hijo podía libertar a todos los que vivían esclavizados por temor a la muerte.

Hebreos 2:14-15, NTV

Así que humíllense delante de Dios. Resistan al diablo, y él huirá de ustedes.

Santiago 4:7, NTV

Lo que la Biblia dice acerca de...
EL INFIERNO

Por tanto, si tu ojo derecho te hace caer en pecado, sácatelo y deshazte de él; es mejor que se pierda uno de tus miembros, y no que todo tu cuerpo sea echado al infierno. Y si tu mano derecha te hace caer en pecado, córtatela y deshazte de ella; es mejor que se pierda uno de tus miembros, y no que todo tu cuerpo sea echado al infierno.

Mateo 5:29-30, RVC

Luego el Rey se dirigirá a los de la izquierda y dirá: «¡Fuera de aquí, ustedes, los malditos, al fuego eterno preparado para el diablo y sus demonios!».

Mateo 25:42, NTV

Pero los cobardes, los incrédulos, los abominables, los homicidas, los que incurren en inmoralidad sexual, los hechiceros, los idólatras y todos los mentirosos tendrán su parte en el lago que arde con fuego y azufre, que es la muerte segunda.

Apocalipsis 21:8, RVC

Y el tercer ángel los siguió, diciendo a gran voz: Si alguno adora a la bestia y a su imagen, y recibe la marca en su frente o en su mano, él también beberá del vino de la ira de Dios, que ha sido vaciado puro en el cáliz de su ira; y será atormentado con fuego y azufre delante de los santos ángeles y del Cordero; y el humo de su tormento sube por los siglos de los siglos. Y no tienen reposo de día ni de noche los que adoran a la bestia y a su imagen, ni nadie que reciba la marca de su nombre.

APOCALIPSIS 14:9-11, RV60

No teman a los que matan el cuerpo, pero no pueden matar el alma. Más bien, teman a aquel que puede destruir alma y cuerpo en el infierno.

MATEO 10:28, RVC

Y la lengua es fuego; es un mundo de maldad. La lengua ocupa un lugar entre nuestros miembros, pero es capaz de contaminar todo el cuerpo; si el infierno la prende, puede inflamar nuestra existencia entera.

SANTIAGO 3:6, RVC

Y Dios les brindará descanso a ustedes que están siendo perseguidos y también a nosotros cuando el Señor Jesús aparezca desde el cielo. Él vendrá con sus ángeles poderosos, en llamas de fuego, y traerá juicio sobre los que no conocen a Dios y sobre los que se niegan a obedecer la Buena Noticia de nuestro Señor Jesús. Serán castigados con destrucción eterna, separados para siempre del Señor y de su glorioso poder.

2 TESALONICENSES 1:7-9, NTV

Entonces éstos irán al castigo eterno, y los justos irán a la vida eterna.

MATEO 25:46, RVC

Enviará el Hijo del Hombre a sus ángeles, y recogerán de su reino a todos los que sirven de tropiezo, y a los que hacen iniquidad, y los echarán en el horno de fuego; allí será el lloro y el crujir de dientes.

MATEO 13:41-42, RV60

Es un hecho que Dios no perdonó a los ángeles que pecaron, sino que los arrojó al infierno y los lanzó a oscuras prisiones, donde se les vigila para llevarlos a juicio.

2 PEDRO 2:4, RVC

(...) donde los gusanos no mueren, y el fuego nunca se apaga. Porque todos serán sazonados con fuego.

MARCOS 9:48-49, RVC

Lo que la Biblia dice acerca de...
EL REGRESO DE CRISTO

Tampoco queremos, hermanos, que ignoréis acerca de los que duermen, para que no os entristezcáis como los otros que no tienen esperanza. Porque si creemos que Jesús murió y resucitó, así también traerá Dios con Jesús a los que durmieron en él. Por lo cual, os decimos esto en palabra del Señor: que nosotros que vivimos, que habremos quedado hasta la venida del Señor, no precederemos a los que durmieron. Porque el Señor mismo con voz de mando, con voz de arcángel, y con trompeta de Dios, descenderá del cielo; y los muertos en Cristo resucitarán primero. Luego nosotros, los que vivamos, los que hayamos quedado, seremos arrebatados juntamente con ellos en las nubes para recibir al Señor en el aire, y así estaremos siempre con el Señor. Por tanto, consolaos los unos a los otros con estas palabras.

1 Tesalonicenses 4:13-18, RV60

He aquí, os digo un misterio: No todos dormiremos; pero todos seremos transformados, en un momento, en un abrir y cerrar de ojos, a la final trompeta; porque se tocará la trompeta, y los muertos serán resucitados incorruptibles, y nosotros seremos transformados. Porque es necesario que esto corruptible se vista de incorrupción, y esto mortal se vista de inmortalidad. Y cuando esto corruptible se haya vestido de incorrupción, y esto mortal se haya vestido de inmortalidad, entonces se cumplirá la palabra que está escrita: Sorbida es la muerte en victoria. ¿Dónde está, oh muerte, tu aguijón? ¿Dónde, oh sepulcro, tu victoria?, ya que el aguijón de la muerte es el pecado, y el poder del pecado, la ley. Mas gracias sean dadas a Dios, que nos da la victoria por medio de nuestro Señor Jesucristo.

1 Corintios 15:51-57, RV60

Galileos, ¿qué hacen aquí mirando al cielo? Este mismo Jesús, que ha sido llevado de entre ustedes al cielo, vendrá otra vez de la misma manera que lo han visto irse.

Hechos 1:11, RVC

En verdad, Dios ha manifestado a toda la humanidad su gracia, la cual trae salvación y nos enseña a rechazar la impiedad y las pasiones mundanas. Así podremos vivir en este mundo con justicia, piedad y dominio propio, mientras aguardamos la bendita esperanza, es decir, la gloriosa venida de nuestro gran Dios y Salvador Jesucristo.

Tito 2:11-13, RVC

Sobre todo, quiero recordarles que, en los últimos días, vendrán burladores que se reirán de la verdad y seguirán sus propios deseos. Dirán: «¿Qué pasó con la promesa de que Jesús iba a volver? Desde tiempos antes de nuestros antepasados, el mundo sigue igual que al principio de la creación». Sin embargo, queridos amigos, hay algo que no deben olvidar: para el Señor, un día es como mil años y mil años son como un día. En realidad, no es que el Señor sea lento para cumplir su promesa, como algunos piensan. Al contrario, es paciente por amor a ustedes. No quiere que nadie sea destruido; quiere que todos se arrepientan. Pero el día del Señor llegará tan inesperadamente como un ladrón. Entonces los cielos desaparecerán con un terrible estruendo, y los mismos elementos se consumirán en el fuego, y la tierra con todo lo que hay en ella quedará sometida a juicio. Dado que todo lo que nos rodea será destruido de esta manera, ¡cómo no llevar una vida santa y vivir en obediencia a Dios, esperar con ansias el día de Dios y apresurar que este llegue! En aquel día, él prenderá fuego a los cielos, y los elementos se derretirán en las llamas. Pero nosotros esperamos con entusiasmo los cielos nuevos y la tierra nueva que él prometió, un mundo lleno de la justicia de Dios.

2 PEDRO 3:3-4,8-13, NTV

Porque como el relámpago que sale del oriente y se muestra hasta el occidente, así será también la venida del Hijo del Hombre. E inmediatamente después de la tribulación de aquellos días, el sol se oscurecerá, y la luna no dará su resplandor, y las estrellas caerán del cielo, y las potencias de los cielos serán conmovidas. Entonces aparecerá la señal del Hijo del Hombre en el cielo; y entonces lamentarán todas las tribus de la tierra, y verán al Hijo del Hombre viniendo sobre las nubes del cielo, con poder y gran gloria. Y enviará sus ángeles con gran voz de trompeta, y juntarán a sus escogidos, de los cuatro vientos, desde un extremo del cielo hasta el otro.

MATEO 24:27,29-31, RV60

En presencia de Dios y de Cristo Jesús, que ha de venir en su reino y que juzgará a los vivos y a los muertos, te doy este solemne encargo: Predica la Palabra; persiste en hacerlo, sea o no sea oportuno; corrige, reprende y anima con mucha paciencia, sin dejar de enseñar. Porque llegará el tiempo en que no van a tolerar la sana doctrina, sino que, llevados de sus propios deseos, se rodearán de maestros que les digan las novelerías que quieren oír. Dejarán de escuchar la verdad y se volverán a los mitos. Tú, por el contrario, sé prudente en todas las circunstancias, soporta los sufrimientos, dedícate a la evangelización; cumple con los deberes de tu ministerio. Yo, por mi parte, ya estoy a punto de ser ofrecido como un sacrificio, y el tiempo de mi partida ha llegado. He peleado la buena batalla, he terminado la carrera, me he mantenido en la fe. Por lo demás me espera la corona de justicia que el Señor, el juez justo, me otorgará en aquel día; y no solo a mí, sino también a todos los que con amor hayan esperado su venida.

2 Timoteo 4:1-8, RVC

Les aseguro que no pasará esta generación hasta que todas estas cosas sucedan. El cielo y la tierra pasarán, pero mis palabras jamás pasarán.

Mateo 24:34-35, RVC

Queridos amigos, ya somos hijos de Dios, pero él todavía no nos ha mostrado lo que seremos cuando Cristo venga; pero sí sabemos que seremos como él, porque lo veremos tal como él es. Y todos los que tienen esta gran expectativa se mantendrán puros, así como él es puro.

1 Juan 3:2-3, NTV

Habrá señales en el sol, la luna y las estrellas. En la tierra, las naciones estarán angustiadas y perplejas por el bramido y la agitación del mar. Se desmayarán de terror los hombres, temerosos por lo que va a sucederle al mundo, porque los cuerpos celestes serán sacudidos. Entonces verán al Hijo del hombre venir en una nube con poder y gran gloria. Cuando comiencen a suceder estas cosas, cobren ánimo y levanten la cabeza, porque se acerca su redención.

LUCAS 21:25-28, RVC

También debes saber esto: que en los postreros días vendrán tiempos peligrosos. Porque habrá hombres amadores de sí mismos, avaros, vanagloriosos, soberbios, blasfemos, desobedientes a los padres, ingratos, impíos, sin afecto natural, implacables, calumniadores, intemperantes, crueles, aborrecedores de lo bueno, traidores, impetuosos, infatuados, amadores de los deleites más que de Dios, que tendrán apariencia de piedad, pero negarán la eficacia de ella; a éstos evita.

2 TIMOTEO 3:1-5, RV60

Más tarde estaba Jesús sentado en el monte de los Olivos, cuando llegaron los discípulos y le preguntaron en privado:

—¿Cuándo sucederá eso, y cuál será la señal de tu venida y del fin del mundo?

—Tengan cuidado de que nadie los engañe —les advirtió Jesús—. Vendrán muchos que, usando mi nombre, dirán: «Yo soy el Cristo», y engañarán a muchos. Ustedes oirán de guerras y de rumores de guerras, pero procuren no alarmarse. Es necesario que eso suceda, pero no será todavía el fin. Se levantará nación contra nación, y reino contra reino. Habrá hambres y terremotos por todas partes. Todo esto será apenas el comienzo de los dolores.

Entonces los entregarán a ustedes para que los persigan y los maten, y los odiarán todas las naciones por causa de mi nombre. En aquel tiempo muchos se apartarán de la fe; unos a otros se traicionarán y se odiarán; y surgirá un gran número de falsos profetas que engañarán a muchos. Habrá tanta maldad que el amor de muchos se enfriará, pero el que se mantenga firme hasta el fin será salvo. Y este evangelio del reino se predicará en todo el mundo como testimonio a todas las naciones, y entonces vendrá el fin.

Mateo 24:3-14, RVC

El Espíritu dice claramente que, en los últimos tiempos, algunos abandonarán la fe para seguir a inspiraciones engañosas y doctrinas diabólicas. Tales enseñanzas provienen de embusteros hipócritas, que tienen la conciencia encallecida. Prohíben el matrimonio y no permiten comer ciertos alimentos que Dios ha creado para que los creyentes, conocedores de la verdad, los coman con acción de gracias. Todo lo que Dios ha creado es bueno, y nada es despreciable si se recibe con acción de gracias, porque la palabra de Dios y la oración lo santifican.

1 Timoteo 4:1-5, RVC

Sin embargo, nadie sabe el día ni la hora en que sucederán estas cosas, ni siquiera los ángeles en el cielo ni el propio Hijo. Solo el Padre lo sabe. Cuando el Hijo del Hombre regrese, será como en los días de Noé. En esos días, antes del diluvio, la gente disfrutaba de banquetes, fiestas y casamientos, hasta el momento en que Noé entró en su barco. La gente no se daba cuenta de lo que iba a suceder hasta que llegó el diluvio y arrasó con todos. Así será cuando venga el Hijo del Hombre. Dos hombres estarán trabajando juntos en el campo; uno será llevado, el otro será dejado. Dos mujeres estarán moliendo harina en el molino; una será llevada, la otra será dejada. ¡Así que ustedes también deben estar alerta!, porque no saben qué día vendrá su Señor. Entiendan lo siguiente: si el dueño de una casa supiera exactamente a qué hora viene un ladrón, se mantendría alerta y no dejaría que asaltara su casa. Ustedes también deben estar preparados todo el tiempo, porque el Hijo del Hombre vendrá cuando menos lo esperen.

MATEO 24:36-44, NTV

No se angustien. Confíen en Dios, y confíen también en mí. En el hogar de mi Padre hay muchas viviendas; si no fuera así, ya se lo habría dicho a ustedes. Voy a prepararles un lugar. Y, si me voy y se lo preparo, vendré para llevármelos conmigo. Así ustedes estarán donde yo esté. Ustedes ya conocen el camino para ir adonde yo voy.

JUAN 14:1-4, RVC

Lo que la Biblia dice acerca de...
LOS NO SALVOS

Pues todos hemos pecado; nadie puede alcanzar la meta gloriosa establecida por Dios. Sin embargo, Dios nos declara justos gratuita y bondadosamente por medio de Cristo Jesús, quien nos liberó del castigo de nuestros pecados. Pues Dios ofreció a Jesús como el sacrificio por el pecado. Las personas son declaradas justas a los ojos de Dios cuando creen que Jesús sacrificó su vida al derramar su sangre.

ROMANOS 3:23-24, NTV

Por tanto, como el pecado entró en el mundo por un hombre, y por el pecado la muerte, así la muerte pasó a todos los hombres, por cuanto todos pecaron.

ROMANOS 5:12, RV60

Porque la paga del pecado es muerte, mas la dádiva de Dios es vida eterna en Cristo Jesús Señor nuestro.

ROMANOS 6:23, RV60

Ciertamente, la ira de Dios viene revelándose desde el cielo contra toda impiedad e injusticia de los seres humanos, que con su maldad obstruyen la verdad. Me explico: lo que se puede conocer acerca de Dios es evidente para ellos, pues él mismo se lo ha revelado. Porque desde la creación del mundo las cualidades invisibles de Dios, es decir, su eterno poder y su naturaleza divina, se perciben claramente a través de lo que él creó, de modo que nadie tiene excusa.

ROMANOS 1:18-20, RVC

Mas Dios muestra su amor para con nosotros, en que siendo aún pecadores, Cristo murió por nosotros. Pues mucho más, estando ya justificados en su sangre, por él seremos salvos de la ira.

ROMANOS 5:8-9, RV60

Les dijo: «Vayan por todo el mundo y anuncien las buenas nuevas a toda criatura. El que crea y sea bautizado será salvo, pero el que no crea será condenado».

MARCOS 16:15-16, RVC

El Espíritu del Señor está sobre mí, porque me ha ungido para llevar la Buena Noticia a los pobres. Me ha enviado a proclamar que los cautivos serán liberados, que los ciegos verán, que los oprimidos serán puestos en libertad, y que ha llegado el tiempo del favor del Señor.

LUCAS 4:18-19, NTV

El Señor no se tarda para cumplir su promesa, como algunos piensan, sino que nos tiene paciencia y no quiere que ninguno se pierda, sino que todos se vuelvan a él.

2 PEDRO 3:9, RVC

Porque Dios no envió a su Hijo al mundo para condenar al mundo, sino para que el mundo sea salvo por él.

JUAN 3:17, RVC

No he venido a llamar a justos, sino a pecadores al arrepentimiento.

LUCAS 5:32, RV60

Porque el Hijo del Hombre vino a buscar y a salvar lo que se había perdido.

LUCAS 19:10, RVC

Respondió Jesús y le dijo: De cierto, de cierto te digo, que el que no naciere de nuevo, no puede ver el reino de Dios.

JUAN 3:3, RV60

Porque de tal manera amó Dios al mundo, que ha dado a su Hijo unigénito, para que todo aquel que en él cree, no se pierda, tenga vida eterna.

JUAN 3:16, RV60

—Cree en el Señor Jesús; así tú y tu familia serán salvos —le contestaron.

HECHOS 16:31, RVC

Lo que la Biblia dice acerca de...
LAS CUALIDADES DEL CRISTIANO

Por tanto, imiten a Dios, como hijos amados.

EFESIOS 5:1, RVC

Yo soy la vid verdadera, y mi Padre es el labrador. Toda rama que en mí no da fruto, la corta; pero toda rama que da fruto la poda para que dé más fruto todavía. Ustedes ya están limpios por la palabra que les he comunicado. Permanezcan en mí, y yo permaneceré en ustedes. Así como ninguna rama puede dar fruto por sí misma, sino que tiene que permanecer en la vid, así tampoco ustedes pueden dar fruto si no permanecen en mí.

JUAN 15:1-4, RVC

No nos cansemos, pues, de hacer bien; porque a su tiempo segaremos, si no desmayamos. Así que, según tengamos oportunidad, hagamos bien a todos, y mayormente a los de la familia de la fe.

GÁLATAS 6:9-10, RV60

Dado que Dios los eligió para que sean su pueblo santo y amado por él, ustedes tienen que vestirse de tierna compasión, bondad, humildad, gentileza y paciencia. Sean comprensivos con las faltas de los demás y perdonen a todo el que los ofenda. Recuerden que el Señor los perdonó a ustedes, así que ustedes deben perdonar a otros. Sobre todo, vístanse de amor, lo cual nos une a todos en perfecta armonía. Y que la paz que viene de Cristo gobierne en sus corazones. Pues, como miembros de un mismo cuerpo, ustedes son llamados a vivir en paz. Y sean siempre agradecidos. Que el mensaje de Cristo, con toda su riqueza, llene sus vidas. Enséñense y aconséjense unos a otros con toda la sabiduría que él da. Canten salmos e himnos y canciones espirituales a Dios con un corazón agradecido. Y todo lo que hagan o digan, háganlo como representantes del Señor Jesús y den gracias a Dios Padre por medio de él.

COLOSENSES 3:12-17, NTV

Pues vivimos por lo que creemos y no por lo que vemos.

2 CORINTIOS 5:7, NTV

Tú, pues, sufre penalidades como buen soldado de Jesucristo.

2 TIMOTEO 2:3, RV60

Saluden a Priscila y a Aquila, mis compañeros de trabajo en Cristo Jesús. Por salvarme la vida, ellos arriesgaron la suya. Tanto yo como todas las iglesias de los gentiles les estamos agradecidos. Saluden igualmente a la iglesia que se reúne en la casa de ellos. Saluden a mi querido hermano Epeneto, el primer convertido a Cristo en la provincia de Asia.

ROMANOS 16:3-5, RVC

Pero viniendo uno, les dio esta noticia: He aquí, los varones que pusisteis en la cárcel están en el templo, y enseñan al pueblo. Entonces fue el jefe de la guardia con los alguaciles, y los trajo sin violencia, porque temían ser apedreados por el pueblo. Cuando los trajeron, los presentaron en el concilio, y el sumo sacerdote les preguntó, diciendo: ¿No os mandamos estrictamente que no enseñaseis en ese nombre? Y ahora habéis llenado a Jerusalén de vuestra doctrina, y queréis echar sobre nosotros la sangre de ese hombre. Respondiendo Pedro y los apóstoles, dijeron: Es necesario obedecer a Dios antes que a los hombres.

Hechos 5:25-29, RV60

¿Quién, Señor, puede habitar en tu santuario? ¿Quién puede vivir en tu santo monte? Solo el de conducta intachable, que practica la justicia y de corazón dice la verdad; que no calumnia con la lengua, que no le hace mal a su prójimo ni le acarrea desgracias a su vecino; que desprecia al que Dios reprueba, pero honra al que teme al Señor; que cumple lo prometido aunque salga perjudicado; que presta dinero sin ánimo de lucro, y no acepta sobornos que afecten al inocente. El que así actúa no caerá jamás.

Salmo 15:1-5, RVC

VERDADES

de la Biblia sobre…

Verdades de la Biblia sobre...

PERDONAR A LOS DEMÁS

Porque, si perdonan a otros sus ofensas, también los perdonará a ustedes su Padre celestial. Pero, si no perdonan a otros sus ofensas, tampoco su Padre les perdonará a ustedes las suyas.

MATEO 6:14-15, RVC

Entonces se le acercó Pedro y le dijo: Señor, ¿cuántas veces perdonaré a mi hermano que peque contra mí? ¿Hasta siete? Jesús le dijo: No te digo hasta siete, sino aun hasta setenta veces siete.

MATEO 18:21-22, RV60

Si tu hermano peca, repréndelo; y, si se arrepiente, perdónalo. Aun si peca contra ti siete veces en un día, y siete veces regresa a decirte «Me arrepiento», perdónalo.

LUCAS 17:3-4, RVC

Cuando estén orando, primero perdonen a todo aquel contra quien guarden rencor, para que su Padre que está en el cielo también les perdone a ustedes sus pecados.

MARCOS 11:25, NTV

Sean mutuamente tolerantes. Si alguno tiene una queja contra otro, perdónense de la misma manera que Cristo los perdonó.

COLOSENSES 3:13, RVC

Pero yo les digo: Amen a sus enemigos y oren por quienes los persiguen.

MATEO 5:44, RVC

No paguen mal por mal. No respondan con insultos cuando la gente los insulte. Por el contrario, contesten con una bendición. A esto los ha llamado Dios, y él les concederá su bendición. Pues las Escrituras dicen: «Si quieres disfrutar de la vida y ver muchos días felices, refrena tu lengua de hablar el mal y tus labios de decir mentiras».

1 PEDRO 3:9-10, NTV

Líbrense de toda amargura, furia, enojo, palabras ásperas, calumnias y toda clase de mala conducta. Por el contrario, sean amables unos con otros, sean de buen corazón, y perdónense unos a otros, tal como Dios los ha perdonado a ustedes por medio de Cristo.

EFESIOS 4:31-32, NTV

Hermanos, yo mismo no pretendo haberlo ya alcanzado; pero una cosa hago: olvidando ciertamente lo que queda atrás, y extendiéndome a lo que está delante, prosigo a la meta, al premio del supremo llamamiento de Dios en Cristo Jesús.

FILIPENSES 3:13-14, RV60

Olviden las cosas de antaño; ya no vivan en el pasado. Yo soy el que por amor a mí mismo borra tus transgresiones y no se acuerda más de tus pecados.

Isaías 43:18,25, RVC

Porque es digno de elogio que, por sentido de responsabilidad delante de Dios, se soporten las penalidades, aun sufriendo injustamente. Pero ¿cómo pueden ustedes atribuirse mérito alguno si soportan que los maltraten por hacer el mal? En cambio, si sufren por hacer el bien, eso merece elogio delante de Dios. Para esto fueron llamados, porque Cristo sufrió por ustedes, dándoles ejemplo para que sigan sus pasos. «Él no cometió ningún pecado, ni hubo engaño en su boca». Cuando proferían insultos contra él, no replicaba con insultos; cuando padecía, no amenazaba, sino que se entregaba a aquel que juzga con justicia.

1 Pedro 2:19-23, RVC

Bienaventurados los que padecen persecución por causa de la justicia, porque de ellos es el reino de los cielos. Bienaventurados sois cuando por mi causa os vituperen y os persigan, y digan toda clase de mal contra vosotros, mintiendo. Gozaos y alegraos, porque vuestro galardón es grande en los cielos; porque así persiguieron a los profetas que fueron antes de vosotros.

Mateo 5:10-12, RV60

Pues conocemos al que dijo: Mía es la venganza, yo daré el pago, dice el Señor. Y otra vez: El Señor juzgará a su pueblo.

Hebreos 10:30, RV60

Queridos amigos, no se sorprendan de las pruebas de fuego por las que están atravesando, como si algo extraño les sucediera. En cambio, alégrense mucho, porque estas pruebas los hacen ser partícipes con Cristo de su sufrimiento, para que tengan la inmensa alegría de ver su gloria cuando sea revelada a todo el mundo. Si los insultan porque llevan el nombre de Cristo, serán bendecidos, porque el glorioso Espíritu de Dios reposa sobre ustedes.

1 Pedro 4:12-14, NTV

No te dejes vencer por el mal; al contrario, vence el mal con el bien.

Romanos 12:21, RVC

Verdades de la Biblia sobre...
LA COMUNIÓN CRISTIANA

Les anunciamos lo que nosotros mismos hemos visto y oído, para que ustedes tengan comunión con nosotros; y nuestra comunión es con el Padre y con su Hijo, Jesucristo. Si vivimos en la luz, así como Dios está en la luz, entonces tenemos comunión unos con otros, y la sangre de Jesús, su Hijo, nos limpia de todo pecado.

1 Juan 1:3,7, NTV

Vivan en amor, como también Cristo nos amó y se entregó a sí mismo por nosotros, como ofrenda y sacrificio a Dios, de aroma fragante. Hablen entre ustedes con salmos, himnos y cánticos espirituales; canten y alaben al Señor con el corazón (...) porque somos miembros de su cuerpo, de su carne y de sus huesos

Efesios 5:2,19,30, RVC

Enséñense y aconséjense unos a otros con toda la sabiduría que él da. Canten salmos e himnos y canciones espirituales a Dios con un corazón agradecido. Y todo lo que hagan o digan, háganlo como representantes del Señor Jesús y den gracias a Dios Padre por medio de él.

Colosenses 3:16-17, NTV

(...) para que sean consolados sus corazones, unidos en amor, hasta alcanzar todas las riquezas de pleno entendimiento, a fin de conocer el misterio de Dios el Padre, y de Cristo.

Colosenses 2:2, RVC

Entonces los que temen al Señor hablaron el uno con el otro, y el Señor los escuchó atentamente. Luego, en su presencia se escribió un libro de actas para los que le temen y piensan en su nombre. Dijo entonces el Señor: «Ellos serán para mí un tesoro muy especial. Cuando llegue el día en que yo actúe, los perdonaré, como perdona un padre al hijo que le sirve. Entonces ustedes se volverán a mí, y sabrán distinguir entre los justos y los malvados, entre los que sirven a Dios y los que no le sirven».

Malaquías 3:16-18, RVC

Y he aquí, dos de ellos iban el mismo día a una aldea llamada Emaús, que estaba a sesenta estadios de Jerusalén. E iban hablando entre sí de todas aquellas cosas que habían acontecido. Sucedió que mientras hablaban y discutían entre sí, Jesús mismo se acercó, y caminaba con ellos.

Lucas 24:13-15, RV60

Por lo tanto, ustedes ya no son extranjeros ni advenedizos, sino conciudadanos de los santos y miembros de la familia de Dios. Juntos constituimos su casa, la cual está edificada sobre el fundamento de los apóstoles y los profetas. Y la piedra principal es Cristo Jesús mismo. Estamos cuidadosamente unidos en él y vamos formando un templo santo para el Señor. Por medio de él, ustedes, los gentiles, también llegan a formar parte de esa morada donde Dios vive mediante su Espíritu.

EFESIOS 2:19-22, NTV

Por tanto, si hay alguna consolación en Cristo, si algún consuelo de amor, si alguna comunión del Espíritu, si algún afecto entrañable, si alguna misericordia, completen mi gozo sintiendo lo mismo, teniendo el mismo amor, unánimes, sintiendo una misma cosa.

FILIPENSES 2:1-2, RVC

¡Cuánto compañerismo disfrutábamos cuando caminábamos juntos hacia la casa de Dios!

SALMO 55:14, NTV

Y ya no estoy en el mundo; pero ellos sí están en el mundo, y yo voy a ti. Padre santo, a los que me has dado, cuídalos en tu nombre, para que sean uno, como nosotros. (...) para que todos sean uno; como tú, oh Padre, en mí, y yo en ti, que también ellos sean uno en nosotros; para que el mundo crea que tú me enviaste. Yo les he dado la gloria que me diste, para que sean uno, así como nosotros somos uno. Yo en ellos, y tú en mí, para que sean perfectos en unidad, para que el mundo crea que tú me enviaste, y que los has amado a ellos como también a mí me has amado.

JUAN 17:11,21-13, RVC

El día de Pentecostés, todos los creyentes estaban reunidos en un mismo lugar. Todos los creyentes se dedicaban a las enseñanzas de los apóstoles, a la comunión fraternal, a participar juntos en las comidas (entre ellas la Cena del Señor), y a la oración. Adoraban juntos en el templo cada día, se reunían en casas para la Cena del Señor y compartían sus comidas con gran gozo y generosidad, todo el tiempo alabando a Dios y disfrutando de la buena voluntad de toda la gente. Y cada día el Señor agregaba a esa comunidad cristiana los que iban siendo salvos.

HECHOS 2:1,42,46-47, NTV

Que Dios, quien da esa paciencia y ese ánimo, los ayude a vivir en plena armonía unos con otros, como corresponde a los seguidores de Cristo Jesús. Entonces todos ustedes podrán unirse en una sola voz para dar alabanza y gloria a Dios, el Padre de nuestro Señor Jesucristo. Por lo tanto, acéptense unos a otros, tal como Cristo los aceptó a ustedes, para que Dios reciba la gloria.

ROMANOS 15:5-7, NTV

Hermanos, les ruego por el nombre de nuestro Señor Jesucristo, que se pongan de acuerdo y que no haya divisiones entre ustedes, sino que estén perfectamente unidos en un mismo sentir y en un mismo parecer.

1 CORINTIOS 1:10, RVC

(...) entremos directamente a la presencia de Dios con corazón sincero y con plena confianza en él. Pues nuestra conciencia culpable ha sido rociada con la sangre de Cristo a fin de purificarnos, y nuestro cuerpo ha sido lavado con agua pura. Mantengámonos firmes sin titubear en la esperanza que afirmamos, porque se puede confiar en que Dios cumplirá su promesa. Pensemos en maneras de motivarnos unos a otros a realizar actos de amor y buenas acciones. Y no dejemos de congregarnos, como lo hacen algunos, sino animémonos unos a otros, sobre todo ahora que el día de su regreso se acerca.

HEBREOS 10:22-25, NTV

Los que tenían fama y reputación de ser algo (lo que hayan sido en otro tiempo nada me importa; Dios no hace acepción de personas), no me comunicaron nada nuevo. Solamente nos pidieron que nos acordáramos de los pobres; lo cual también procuré hacer con diligencia.

GÁLATAS 2:6,10, RVC

Doy gracias a mi Dios cada vez que me acuerdo de ustedes. En todas mis oraciones siempre ruego con gozo por todos ustedes (...) Sólo compórtense ustedes como es digno del evangelio de Cristo, para que ya sea que vaya a verlos, o que me encuentre ausente, sepa yo que ustedes siguen firmes, en un mismo espíritu y luchando unánimes por la fe del evangelio.

FILIPENSES 1:3-4,27, RVC

Verdades de
la Biblia sobre...
TU RESPONSABILIDAD

Les dijo: «Vayan por todo el mundo y anuncien las buenas nuevas a toda criatura».

MARCOS 16:15, RVC

Pero cuando venga sobre ustedes el Espíritu Santo recibirán poder, y serán mis testigos en Jerusalén, en Judea, en Samaria, y hasta lo último de la tierra.

HECHOS 1:8, RVC

Ustedes son la sal de la tierra. Pero ¿para qué sirve la sal si ha perdido su sabor? ¿Pueden lograr que vuelva a ser salada? La descartarán y la pisotearán como algo que no tiene ningún valor. Ustedes son la luz del mundo, como una ciudad en lo alto de una colina que no puede esconderse. Nadie enciende una lámpara y luego la pone debajo de una canasta. En cambio, la coloca en un lugar alto donde ilumina a todos los que están en la casa. De la misma manera, dejen que sus buenas acciones brillen a la vista de todos, para que todos alaben a su Padre celestial.

MATEO 5:13-16, NTV

«Porque tuve hambre, y ustedes me dieron de comer; tuve sed, y me dieron de beber; fui forastero, y me recibieron; estuve desnudo, y me cubrieron; estuve enfermo, y me visitaron; estuve en la cárcel, y vinieron a visitarme». Entonces los justos le preguntarán: «Señor, ¿cuándo te vimos con hambre, y te dimos de comer; o con sed, y te dimos de beber? ¿Y cuándo te vimos forastero, y te recibimos; o desnudo, y te cubrimos? ¿Cuándo te vimos enfermo, o en la cárcel, y te visitamos?». Y el Rey les responderá: «De cierto les digo que todo lo que hicieron por uno de mis hermanos más pequeños, por mí lo hicieron».

Mateo 25:35-40, RVC

De cierto les digo que cualquiera que dé a uno de estos pequeñitos aunque sea un vaso de agua fría, por tratarse de un discípulo, no perderá su recompensa.

Mateo 10:42, RVC

Aquellos que se niegan a cuidar de sus familiares, especialmente los de su propia casa, han negado la fe verdadera y son peores que los incrédulos.

1 Timoteo 5:8, NTV

Enseña al niño a seguir fielmente su camino, y aunque llegue a anciano no se apartará de él.

Proverbios 22:6, RVC

Porque Dios es justo, y no olvidará el trabajo de ustedes y el amor que han mostrado hacia él mediante el servicio a los santos, como hasta ahora lo hacen. Pero deseamos que cada uno de ustedes muestre el mismo entusiasmo hasta el fin, para la plena realización de su esperanza y para que no se hagan perezosos, sino que sigan el ejemplo de quienes por medio de la fe y la paciencia heredan las promesas.

HEBREOS 6:10-12, RVC

Supónganse que ven a un hermano o una hermana que no tiene qué comer ni con qué vestirse y uno de ustedes le dice: «Adiós, que tengas un buen día; abrígate mucho y aliméntate bien», pero no le da ni alimento ni ropa. ¿Para qué le sirve? Como pueden ver, la fe por sí sola no es suficiente. A menos que produzca buenas acciones, está muerta y es inútil.

SANTIAGO 2:15-17, NTV

La gente le preguntaba: «Entonces, ¿qué debemos hacer?» Y Juan les respondía: «El que tenga dos túnicas, comparta una con el que no tiene ninguna, y el que tenga comida, haga lo mismo».

LUCAS 3:10-11, RVC

Amados hermanos, si otro creyente está dominado por algún pecado, ustedes, que son espirituales, deberían ayudarlo a volver al camino recto con ternura y humildad. Y tengan mucho cuidado de no caer ustedes en la misma tentación. Ayúdense a llevar los unos las cargas de los otros, y obedezcan de esa manera la ley de Cristo. Si te crees demasiado importante para ayudar a alguien, solo te engañas a ti mismo. No eres tan importante. Presta mucha atención a tu propio trabajo, porque entonces obtendrás la satisfacción de haber hecho bien tu labor y no tendrás que compararte con nadie.

Pues cada uno es responsable de su propia conducta. Los que reciben enseñanza de la palabra de Dios deberían proveer a las necesidades de sus maestros, compartiendo todas las cosas buenas con ellos.

GÁLATAS 6:1-6, NTV

En esto hemos conocido el amor: en que él dio su vida por nosotros. Así también nosotros debemos dar nuestra vida por los hermanos. Pero ¿cómo puede habitar el amor de Dios en aquel que tiene bienes de este mundo y ve a su hermano pasar necesidad, y le cierra su corazón? Hijitos míos, no amemos de palabra ni de lengua, sino de hecho y en verdad. (...) y recibiremos de él todo lo que le pidamos, porque obedecemos sus mandamientos, y hacemos las cosas que le son agradables. Éste es su mandamiento: Que creamos en el nombre de su Hijo Jesucristo, y nos amemos unos a otros como Dios nos lo ha mandado.

1 JUAN 3:16-18,22-23, RVC

Y estas palabras que yo te mando hoy, estarán sobre tu corazón; y las repetirás a tus hijos, y hablarás de ellas estando en tu casa, y andando por el camino, y al acostarte, y cuando te levantes. Y las atarás como una señal en tu mano, y estarán como frontales entre tus ojos; y las escribirás en los postes de tu casa, y en tus puertas.

DEUTERONOMIO 6:6-9, RV60

Amarás al Señor tu Dios, y todos los días cumplirás sus ordenanzas, estatutos, decretos y mandamientos. Lleven estas palabras mías en su corazón y en su alma. Átenlas como señal en su mano, y llévenlas como frontales en medio de sus ojos. Enséñenselas a sus hijos, y hablen de ellas cuando te encuentres descansando en tu casa, y cuando vayas por el camino, y cuando te acuestes, y cuando te levantes.

DEUTERONOMIO 11:1, 18-19, RVC

El Señor recompensa a los que le temen con riquezas, honra y vida, si son humildes.

PROVERBIOS 22:4, RVC

Verdades
de la Biblia sobre...
HABLAR LA
PALABRA DE DIOS

Porque de cierto les digo que cualquiera que diga a este monte: «¡Quítate de ahí y échate en el mar!», su orden se cumplirá, siempre y cuando no dude en su corazón, sino que crea que se cumplirá.

MARCOS 11:23, RVC

Entonces el Señor les dijo: «Si ustedes tuvieran fe del tamaño de un grano de mostaza, podrían decirle a este sicómoro: "Desarráigate, y plántate en el mar", y el sicómoro los obedecería».

LUCAS 17:6, RVC

Y levantándose, reprendió al viento, y dijo al mar: Calla, enmudece. Y cesó el viento, y se hizo grande bonanza.

MARCOS 4:39, RV60

Por la fe entendemos que Dios creó el universo por medio de su palabra, de modo que lo que ahora vemos fue hecho de lo que no se veía.

HEBREOS 11:3, RVC

Yo no hablo con autoridad propia; el Padre, quien me envió, me ha ordenado qué decir y cómo decirlo. Y sé que sus mandatos llevan a la vida eterna; por eso digo todo lo que el Padre me indica que diga.

Juan 12:49-50, NTV

El Señor me dijo: «Esto que dicen está muy bien. Voy a hacer que de entre sus hermanos surja un profeta como tú. Pondré mis palabras en sus labios, y él les comunicará todo lo que yo le ordene decir. Pero yo le pediré cuentas a todo el que no atienda las palabras que ese profeta proclame en mi nombre».

Deuteronomio 18:17-19, RVC

Mas ¿qué dice? Cerca de ti está la palabra, en tu boca y en tu corazón. Esta es la palabra de fe que predicamos: que si confesares con tu boca que Jesús es el Señor, y creyeres en tu corazón que Dios le levantó de los muertos, serás salvo. Porque con el corazón se cree para justicia, pero con la boca se confiesa para salvación.

Romanos 10:8-10, RV60

Pero en ese mismo espíritu de fe, y de acuerdo a lo que está escrito: «Creí, y por lo tanto hablé», nosotros también creemos, y por lo tanto también hablamos. Sabemos que el que resucitó al Señor Jesús también a nosotros nos resucitará con él, y nos llevará a su presencia juntamente con ustedes.

2 Corintios 4:13-14, RVC

Al de corazón sabio se le llama prudente; los labios amables aumentan el saber. El sabio de corazón habla con prudencia, y a sus labios añade sabiduría. Las palabras amables son un panal de miel; endulzan el alma y sanan el cuerpo. El que es perverso escarba en el mal; hay en sus labios una llama de fuego.

Proverbios 16:21,23-24,27, RVC

Hay gente cuyas palabras son puñaladas, pero la lengua de los sabios sana las heridas. Al Señor le repugnan los labios mentirosos; pero le agradan los que dicen la verdad.

Proverbios 12:18,22, RVC

Alaben al Señor, ustedes los ángeles, ustedes los poderosos que llevan a cabo sus planes, que están atentos a cada uno de sus mandatos. ¡Sí, alaben al Señor, ejércitos de ángeles que le sirven y hacen su voluntad! Alabe al Señor todo lo que él ha creado, todo lo que hay en su reino. Que todo lo que soy, alabe al Señor.

Salmo 103:20,22, NTV

Aguas profundas son las palabras de la boca del hombre; y arroyo que rebosa, la fuente de la sabiduría. La boca del necio es quebrantamiento para sí, y sus labios son lazos para su alma. Del fruto de la boca del hombre se llenará su vientre; se saciará del producto de sus labios. La muerte y la vida están en poder de la lengua, y el que la ama comerá de sus frutos.

Proverbios 18:4,7,20-21, RV60

Porque de la abundancia del corazón habla la boca. Pero yo les digo que, en el día del juicio, cada uno de ustedes dará cuenta de cada palabra ociosa que haya pronunciado. Porque por tus palabras serás reivindicado, y por tus palabras serás condenado.

Mateo 12:34b, 36-37, RVC

Si alguno se cree religioso entre vosotros, y no refrena su lengua, sino que engaña su corazón, la religión del tal es vana.

Santiago 1:26, RV60

Mantengámonos firmes sin titubear en la esperanza que afirmamos, porque se puede confiar en que Dios cumplirá su promesa.

Hebreos 10:23, NTV

El hombre de bien se nutre con sus palabras; el desalmado se nutre de violencia. El que cuida su boca se cuida a sí mismo; el que habla mucho tendrá problemas.

Proverbios 13:2-3, RVC

Verdades de la Biblia sobre...
LA VOLUNTAD DE DIOS PARA TU VIDA

Si alguno de ustedes requiere de sabiduría, pídasela a Dios, y él se la dará, pues Dios se la da a todos en abundancia y sin hacer ningún reproche. Pero tiene que pedir con fe y sin dudar nada, porque el que duda es como las olas del mar, que el viento agita y lleva de un lado a otro.

Santiago 1:5-6, RVC

Te haré entender, y te enseñaré el camino en que debes andar; sobre ti fijaré mis ojos.

Salmo 32:8, RV60

Tu palabra es una lámpara a mis pies; ¡es la luz que ilumina mi camino! Me comprometí, y no me arrepiento: voy a obedecer tus justas sentencias.

Salmo 199:105-106, RVC

Ante todo, exhorto a que se hagan rogativas, oraciones, peticiones y acciones de gracias por todos los hombres. Porque esto es bueno y agradable delante de Dios nuestro Salvador, el cual quiere que todos los hombres sean salvos y lleguen a conocer la verdad.

1 Timoteo 2:1,3-4, RVC

Hijo mío, obedece los mandatos de tu padre, y no descuides la instrucción de tu madre. Cuando camines, su consejo te guiará. Cuando duermas, te protegerá. Cuando despiertes, te orientará. Pues su mandato es una lámpara y su instrucción es una luz; su disciplina correctiva es el camino que lleva a la vida.

Proverbios 6:20,22-23, NTV

Nunca se apartará de tu boca este libro de la ley, sino que de día y de noche meditarás en él, para que guardes y hagas conforme a todo lo que en él está escrito; porque entonces harás prosperar tu camino, y todo te saldrá bien. Mira que te mando que te esfuerces y seas valiente; no temas ni desmayes, porque Jehová tu Dios estará contigo en dondequiera que vayas.

Josué 1:8-9, RV60

Entonces oirán ustedes decir a sus espaldas estas palabras: «Éste es el camino; vayan por él. No se desvíen a la derecha ni a la izquierda».

Isaías 30:21, RVC

¡Éste es nuestro Dios, ahora y para siempre! ¡El Dios nuestro nos guiará más allá de la muerte!

Salmo 48:14, RVC

La voluntad de Dios es que sean santos, entonces aléjense de todo pecado sexual. Como resultado cada uno controlará su propio cuerpo y vivirá en santidad y honor. Nunca hagan daño ni engañen a otro creyente en este asunto, teniendo relaciones sexuales con su esposa, porque el Señor toma venganza de todos esos pecados, como ya les hemos advertido solemnemente.

1 Tesalonicenses 4:3-4,6, NTV

Estén siempre gozosos. Oren sin cesar. Den gracias a Dios en todo, porque ésta es su voluntad para ustedes en Cristo Jesús.

1 Tesalonicenses 5:16-18, RVC

Siempre orando por vosotros, damos gracias a Dios, Padre de nuestro Señor Jesucristo. Por lo cual también nosotros, desde el día que lo oímos, no cesamos de orar por vosotros, y de pedir que seáis llenos del conocimiento de su voluntad en toda sabiduría e inteligencia espiritual, para que andéis como es digno del Señor, agradándole en todo, llevando fruto en toda buena obra, y creciendo en el conocimiento de Dios.

Colosenses 1:3,9-10, RV60

Tú eres mi Dios; enséñame a hacer tu voluntad, y que tu buen espíritu me guíe por caminos rectos.

Salmo 143:10, RVC

Encomienda a Jehová tus obras, y tus pensamientos serán afirmados.

Proverbios 16:3, RV60

Porque todos los que son guiados por el Espíritu de Dios, éstos son hijos de Dios.

Romanos 8:14, RV60

Por Jehová son ordenados los pasos del hombre, y él aprueba su camino. Cuando el hombre cayere, no quedará postrado, porque Jehová sostiene su mano.

SALMO 37:23-24, RV60

Ciertamente, tú eres mi roca y mi castillo; guíame; encamíname por causa de tu nombre. En tus manos encomiendo mi espíritu; ¡ponme a salvo, Señor, Dios de la verdad!

SALMO 31:3,5, RVC

Tú viste la miseria de nuestros antepasados en Egipto y escuchaste sus lamentos cuando estaban junto al mar Rojo. Bajaste al monte Sinaí y les hablaste desde el cielo. Les diste ordenanzas e instrucciones justas, y decretos y mandatos buenos. Enviaste tu buen Espíritu para que les enseñara, y no dejaste de alimentarlos con maná del cielo ni de darles agua para su sed.

NEHEMÍAS 9:9,13,20, NTV

Hijo mío, no te olvides de mi ley; guarda en tu corazón mis mandamientos. Confía en el Señor de todo corazón, y no te apoyes en tu propia prudencia. Reconócelo en todos tus caminos, y él enderezará tus sendas. Hijo mío, no desdeñes la corrección del Señor; no te sientas mal cuando te reprenda. El Señor corrige al que ama como lo hace el padre con su hijo amado.

PROVERBIOS 3:1,5-6,11-12, RVC

Y que la paz que viene de Cristo gobierne en sus corazones. Pues, como miembros de un mismo cuerpo, ustedes son llamados a vivir en paz. Y sean siempre agradecidos. Que el mensaje de Cristo, con toda su riqueza, llene sus vidas. Enséñense y aconséjense unos a otros con toda la sabiduría que él da. Canten salmos e himnos y canciones espirituales a Dios con un corazón agradecido. Y todo lo que hagan o digan, háganlo como representantes del Señor Jesús y den gracias a Dios Padre por medio de él.

Colosenses 3:12-17, NTV

Así ha dicho Jehová, Redentor tuyo, el Santo de Israel: Yo soy Jehová Dios tuyo, que te enseña provechosamente, que te encamina por el camino que debes seguir.

Isaías 48:17, RV60

Jehová te pastoreará siempre, y en las sequías saciará tu alma, y dará vigor a tus huesos; y serás como huerto de riego, y como manantial de aguas, cuyas aguas nunca faltan.

Isaías 58:11, RV60

Pero cuando venga el Espíritu de verdad, él los guiará a toda la verdad; porque no hablará por su propia cuenta, sino que hablará todo lo que oiga, y les hará saber las cosas que habrán de venir. Él me glorificará, porque tomará de lo mío y se lo hará saber.

Juan 16:13-14, RVC

No sean, pues, insensatos; procuren entender cuál es la voluntad del Señor.

Efesios 5:17, RVC

No imiten las conductas ni las costumbres de este mundo, más bien dejen que Dios los transforme en personas nuevas al cambiarles la manera de pensar. Entonces aprenderán a conocer la voluntad de Dios para ustedes, la cual es buena, agradable y perfecta.

ROMANOS 12:2, NTV

Verdades de la Biblia sobre...

ORACIONES QUE AÚN NO HAN SIDO RESPONDIDAS

Y antes que clamen, responderé yo; mientras aún hablan, yo habré oído.

Isaías 65:24, RV60

Sigue pidiendo y recibirás lo que pides; sigue buscando y encontrarás; sigue llamando, y la puerta se te abrirá. Pues todo el que pide, recibe; todo el que busca, encuentra; y a todo el que llama, se le abrirá la puerta.

Mateo 7:7-8, NTV

Si ustedes creen, todo lo que pidan en oración lo recibirán.

Mateo 21:22, RVC

Una vez más les digo, que si en este mundo dos de ustedes se ponen de acuerdo en lo que piden, mi Padre, que está en los cielos, se lo concederá. Porque donde dos o tres se reúnen en mi nombre, allí estoy yo, en medio de ellos.

Mateo 18:19-20, RVC

Si ustedes permanecen en mí y mis palabras permanecen en ustedes, pueden pedir lo que quieran, ¡y les será concedido!

Juan 15:7, NTV

Por tanto, les digo: Todo lo que pidan en oración, crean que lo recibirán, y se les concederá. Y cuando oren, si tienen algo contra alguien, perdónenlo, para que también su Padre que está en los cielos les perdone a ustedes sus ofensas.

MARCOS 11:24-25, RVC

Pueden pedir cualquier cosa en mi nombre, y yo la haré, para que el Hijo le dé gloria al Padre. Es cierto, pídanme cualquier cosa en mi nombre, ¡y yo la haré!

JUAN 14:13-14, NTV

Mas tú, cuando ores, entra en tu aposento, y cerrada la puerta, ora a tu Padre que está en secreto; y tu Padre que ve en lo secreto te recompensará en público.

MATEO 6:6, RV60

Ese día, no necesitarán pedirme nada. Les digo la verdad, le pedirán directamente al Padre, y él les concederá la petición, porque piden en mi nombre.

JUAN 16:23, NTV

Así que acerquémonos con toda confianza al trono de la gracia de nuestro Dios. Allí recibiremos su misericordia y encontraremos la gracia que nos ayudará cuando más la necesitemos.

HEBREOS 4:16, NTV

El Señor está lejos de los perversos, pero oye las oraciones de los justos.

PROVERBIOS 15:29, NTV

Deléitate en el Señor, y él te concederá los deseos de tu corazón. Entrega al Señor todo lo que haces; confía en él, y él te ayudará.

Salmo 37:4-5, NTV

Tú, Señor, estás cerca de quienes te invocan, de quienes te invocan con sinceridad. Tú respondes a las peticiones de quienes te honran; escuchas su clamor, y los salvas. Tú, Señor, proteges a los que te aman, pero destruyes a los malvados.

Salmo 145:18-20, RVC

Yo, el Señor, que hizo la tierra y la formó para afirmarla, y cuyo nombre es el Señor, declaro: Clama a mí, y yo te responderé; te daré a conocer cosas grandes y maravillosas que tú no conoces.

Jeremías 33:2-3, RVC

Y recibiremos de él todo lo que le pidamos porque lo obedecemos y hacemos las cosas que le agradan. Y su mandamiento es el siguiente: debemos creer en el nombre de su Hijo, Jesucristo, y amarnos unos a otros, así como él nos lo ordenó. Los que obedecen los mandamientos de Dios permanecen en comunión con él, y él permanece en comunión con ellos. Y sabemos que él vive en nosotros, porque el Espíritu que nos dio vive en nosotros.

1 Juan 3:22-24, NTV

Verdades de
la Biblia sobre...
LOS SERES QUERIDOS
INCONVERSOS

—Cree en el Señor Jesús; así tú y tu familia serán salvos —le contestaron.

Hechos 16:31, RVC

(...) él te hablará palabras por las cuales serás salvo tú, y toda tu casa.

Hechos 11:14, RV60

¿Qué les parece? Si un hombre tiene cien ovejas, y una de ellas se pierde, ¿no deja las otras noventa y nueve y va por los montes a buscar la que se ha perdido? Del mismo modo, el Padre de ustedes, que está en los cielos, no quiere que se pierda ninguno de estos pequeños.

Mateo 18:12,14, RVC

Pues yo soy el Señor, tu Dios, el Santo de Israel, tu Salvador. Yo di a Egipto como rescate por tu libertad; en tu lugar di a Etiopía y a Seba. Les diré al norte y al sur: «Traigan a mis hijos e hijas de regreso a Israel desde los rincones más lejanos de la tierra».

Isaías 43:3,6, NTV

El Señor no se tarda para cumplir su promesa, como algunos piensan, sino que nos tiene paciencia y no quiere que ninguno se pierda, sino que todos se vuelvan a él.

2 Pedro 3:9, RVC

Examínenlo todo; retengan lo bueno. Absténganse de toda especie de mal.

1 Tesalonicenses 5:21-22, RVC

Y el mismo Dios de paz os santifique por completo; y todo vuestro ser, espíritu, alma y cuerpo, sea guardado irreprensible para la venida de nuestro Señor Jesucristo. Fiel es el que os llama, el cual también lo hará.

1 Tesalonicenses 5:23-24, RV60

Jehová ha hecho notoria su salvación; a vista de las naciones ha descubierto su justicia. Se ha acordado de su misericordia y de su verdad para con la casa de Israel; todos los términos de la tierra han visto la salvación de nuestro Dios.

Salmo 98:2-3, RV60

¿Quién hay entre vosotros que teme a Jehová, y oye la voz de su siervo? El que anda en tinieblas y carece de luz, confíe en el nombre de Jehová, y apóyese en su Dios.

Isaías 50:10, RV60

Y tú, Dios mío, ¡haz que esa gente descienda al profundo pozo de la perdición! ¡Esa gente sanguinaria y mentirosa no llegará a la mitad de su vida! Pero yo, siempre confiaré en ti.

Salmo 55:23, RVC

El Señor ha dicho: «Practiquen la justicia y ejecuten el derecho. Ya se acerca mi salvación; mi justicia pronto va a manifestarse».

Isaías 56:1, RVC

Pero les digo la verdad: les conviene que yo me vaya; porque si no me voy, el Consolador no vendrá a ustedes; pero si me voy, yo se lo enviaré. Y cuando él venga, convencerá al mundo de pecado, de justicia y de juicio. De pecado, por cuanto no creen en mí.

Juan 16:7-9, RVC

Enseña al niño a seguir fielmente su camino, y aunque llegue a anciano no se apartará de él.

Proverbios 22:6, RVC

Verdades de la Biblia sobre...
TU FAMILIA

Pero si te niegas a servir al Señor, elige hoy mismo a quién servirás. ¿Acaso optarás por los dioses que tus antepasados sirvieron del otro lado del Éufrates? ¿O preferirás a los dioses de los amorreos, en cuya tierra ahora vives? Pero en cuanto a mí y a mi familia, nosotros serviremos al Señor.

Josué 24:15, NTV

No empleen un lenguaje grosero ni ofensivo. Que todo lo que digan sea bueno y útil, a fin de que sus palabras resulten de estímulo para quienes las oigan. No entristezcan al Espíritu Santo de Dios con la forma en que viven. Recuerden que él los identificó como suyos, y así les ha garantizado que serán salvos el día de la redención. Líbrense de toda amargura, furia, enojo, palabras ásperas, calumnias y toda clase de mala conducta. Por el contrario, sean amables unos con otros, sean de buen corazón, y perdónense unos a otros, tal como Dios los ha perdonado a ustedes por medio de Cristo.

Efesios 4:29-32, NTV

Enseña al niño a seguir fielmente su camino, y aunque llegue a anciano no se apartará de él.

Proverbios 22:6, RVC

—Cree en el Señor Jesús; así tú y tu familia serán salvos —le contestaron.

HECHOS 16:31, RVC

Honra a tu padre y a tu madre, para que tus días se alarguen en la tierra que Jehová tu Dios te da.

ÉXODO 20:12, RV60

Palabra fiel: Si alguno anhela obispado, buena obra desea (...) que gobierne bien su casa, que tenga a sus hijos en sujeción con toda honestidad (pues el que no sabe gobernar su propia casa, ¿cómo cuidará de la iglesia de Dios?).

1 TIMOTEO 3:1,4-5, RV60

Los hijos son un regalo del Señor; son una recompensa de su parte. Los hijos que le nacen a un hombre joven son como flechas en manos de un guerrero. ¡Qué feliz es el hombre que tiene su aljaba llena de ellos! No pasará vergüenza cuando enfrente a sus acusadores en las puertas de la ciudad.

SALMO 127:3-5, NTV

Él hará volver el corazón de los padres hacia los hijos, y el corazón de los hijos hacia los padres, no sea que yo venga y hiera la tierra con maldición.

MALAQUÍAS 4:6, RV60

¡Dichosos todos los que honran al Señor! ¡Dichosos los que van por sus caminos! ¡Dichoso serás, y te irá bien, cuando te alimentes del fruto de tu trabajo!

SALMO 128:1-2, RVC

Los nietos son la corona de gloria de los ancianos; los padres son el orgullo de sus hijos. Un amigo es siempre leal, y un hermano nace para ayudar en tiempo de necesidad. Los hijos necios traen dolor a su padre y amargura a la que los dio a luz.

Proverbios 17:6,17,25, NTV

Y estas palabras que yo te mando hoy, estarán sobre tu corazón; y las repetirás a tus hijos, y hablarás de ellas estando en tu casa, y andando por el camino, y al acostarte, y cuando te levantes. Y las atarás como una señal en tu mano, y estarán como frontales entre tus ojos; y las escribirás en los postes de tu casa, y en tus puertas.

Deuteronomio 6:6-9, RV60

Corrige a tu hijo, y te dará descanso, y dará alegría a tu alma. Sin profecía el pueblo se desenfrena; mas el que guarda la ley es bienaventurado.

Proverbios 29:17-18 RV60

La gente buena deja una herencia a sus nietos, pero la riqueza de los pecadores pasa a manos de los justos.

Proverbios 13:22, NTV

Mucho se alegrará el padre del justo, y el que engendra sabio se gozará con él. Alégrense tu padre y tu madre, y gócese la que te dio a luz.

Proverbios 23:24-25, RV60

Hijo mío, óyeme y acepta mis razones, y los años de tu vida se alargarán. Yo te muestro el camino de la sabiduría, y te llevo por senderos de rectitud.

Proverbios 4:10-11, RVC

Amados hermanos, honren a sus líderes en la obra del Señor. Ellos trabajan arduamente entre ustedes y les dan orientación espiritual. Ténganles mucho respeto y de todo corazón demuéstrenles amor por la obra que realizan. Y vivan en paz unos con otros. Hermanos, les rogamos que amonesten a los perezosos. Alienten a los tímidos. Cuiden con ternura a los débiles. Sean pacientes con todos. También os rogamos, hermanos, que amonestéis a los ociosos, que alentéis a los de poco ánimo, que sostengáis a los débiles, que seáis pacientes para con todos. Mirad que ninguno pague a otro mal por mal; antes seguid siempre lo bueno unos para con otros, y para con todos.

1 Tesalonicenses 5:12-15, RV60

Por lo tanto, como escogidos de Dios, santos y amados, revístanse de entrañable misericordia, de benignidad, de humildad, de mansedumbre y de paciencia. Sean mutuamente tolerantes. Si alguno tiene una queja contra otro, perdónense de la misma manera que Cristo los perdonó.

Colosenses 3:12-13, RVC

Que en el corazón de ustedes gobierne la paz de Cristo, a la cual fueron llamados en un solo cuerpo. Y sean agradecidos. La palabra de Cristo habite ricamente en ustedes. Instrúyanse y exhórtense unos a otros con toda sabiduría; canten al

Señor salmos, himnos y cánticos espirituales, con gratitud de corazón. Y todo lo que hagan, ya sea de palabra o de hecho, háganlo en el nombre del Señor Jesús, dando gracias a Dios el Padre por medio de él.

Colosenses 3:15-17, RVC

Mas el fruto del Espíritu es amor, gozo, paz, paciencia, benignidad, bondad, fe, mansedumbre, templanza; contra tales cosas no hay ley. Pero los que son de Cristo han crucificado la carne con sus pasiones y deseos.

Gálatas 5:22-24, RV60

Un mandamiento nuevo les doy: Que se amen unos a otros. Así como yo los he amado, ámense también ustedes unos a otros. En esto conocerán todos que ustedes son mis discípulos, si se aman unos a otros.

Juan 13:34-35, RVC

Sean siempre humildes y amables. Sean pacientes unos con otros y tolérense las faltas por amor. Hagan todo lo posible por mantenerse unidos en el Espíritu y enlazados mediante la paz.

Efesios 4:2-3; NTV

Es más, sométanse unos a otros por reverencia a Cristo.

Efesios 5:21, NTV

De más estima es el buen nombre que las muchas riquezas, y la buena fama más que la plata y el oro.

Proverbios 22:1, RV60

Háganlo todo sin murmuraciones ni peleas, para que sean irreprensibles y sencillos, e intachables hijos de Dios en medio de una generación maligna y perversa, en medio de la cual ustedes resplandecen como luminares en el mundo.

FILIPENSES 2:14-15, RVC

Hijo mío, está atento a mi sabiduría, y a mi inteligencia inclina tu oído, para que guardes consejo, y tus labios conserven la ciencia.

PROVERBIOS 5:1-2, RV60

Hijos, obedezcan a sus padres en el nombre del Señor, porque esto es justo. Honra a tu padre y a tu madre, que es el primer mandamiento con promesa; para que te vaya bien, y tengas una larga vida sobre la tierra.

EFESIOS 6:1-3, RVC

Ámense unos a otros con un afecto genuino y deléitense al honrarse mutuamente. No sean nunca perezosos, más bien trabajen con esmero y sirvan al Señor con entusiasmo. Estén listos para ayudar a los hijos de Dios cuando pasen necesidad. Alégrense por la esperanza segura que tenemos. Tengan paciencia en las dificultades y sigan orando. Estén siempre dispuestos a brindar hospitalidad.

ROMANOS 12:10-13, NTV

Verdades de
la Biblia sobre...
LA SOLTERÍA

Te haré mi esposa para siempre, mostrándote rectitud y justicia, amor inagotable y compasión.

Oseas 2:19, NTV

Digo, pues, a los solteros y a las viudas, que bueno les fuera quedarse como yo; pero si no tienen don de continencia, cásense, pues mejor es casarse que estarse quemando. Pero cada uno como el Señor le repartió, y como Dios llamó a cada uno, así haga; esto ordeno en todas las iglesias.

1 Corintios 7:8-9,17, RV60

Mas también si te casas, no pecas; y si la doncella se casa, no peca; pero los tales tendrán aflicción de la carne, y yo os la quisiera evitar.

1 Corintios 7:28; RV60

Por lo tanto, mis amados hermanos, la cuestión es la siguiente: ustedes murieron al poder de la ley cuando murieron con Cristo y ahora están unidos a aquel que fue levantado de los muertos. Como resultado, podemos producir una cosecha de buenas acciones para Dios.

Romanos 7:4, NTV

Quisiera, pues, que estuvieseis sin congoja. El soltero tiene cuidado de las cosas del Señor, de cómo agradar al Señor; pero el casado tiene cuidado de las cosas del mundo, de cómo agradar a su mujer. Esto lo digo para vuestro provecho; no para tenderos lazo, sino para lo honesto y decente, y para que sin impedimento os acerquéis al Señor.

1 Corintios 7:32-33,35, RV60

Todos ustedes deben honrar su matrimonio, y ser fieles a sus cónyuges; pero a los libertinos y a los adúlteros los juzgará Dios.

Hebreos 13:4, RVC

En vista de todo esto, esfuércense al máximo por responder a las promesas de Dios complementando su fe con una abundante provisión de excelencia moral; la excelencia moral, con conocimiento; el conocimiento, con control propio; el control propio, con perseverancia; la perseverancia, con sumisión a Dios; la sumisión a Dios, con afecto fraternal, y el afecto fraternal, con amor por todos. Cuanto más crezcan de esta manera, más productivos y útiles serán en el conocimiento de nuestro Señor Jesucristo.

2 Pedro 1:5-8, NTV

Pero si alguno piensa que es impropio que su hija continúe siendo soltera después de cierta edad, que haga lo que quiera. Con eso no pecan. Que se case. El que está plenamente convencido, y no se siente obligado y es dueño de su propia voluntad, y decide que su hija no se case, hace bien.

1 Corintios 7:36-37, RVC

Confía en el Señor con todo tu corazón; no dependas de tu propio entendimiento. Busca su voluntad en todo lo que hagas, y él te mostrará cuál camino tomar. No te dejes impresionar por tu propia sabiduría. En cambio, teme al Señor y aléjate del mal.

PROVERBIOS 3:5-7, NTV

Deléitate en el Señor, y él te concederá los deseos de tu corazón.

SALMO 37:4, NTV

Así que, cada uno someta a prueba su propia obra, y entonces tendrá motivo de gloriarse sólo respecto de sí mismo, y no en otro.

GÁLATAS 6:4, RV60

Verdades de la Biblia sobre...
EL MATRIMONIO

Y acabó Dios en el día séptimo la obra que hizo; y reposó el día séptimo de toda la obra que hizo.

GÉNESIS 2:2, RV60

¿Hallaste esposa? ¡Has hallado el bien! ¡Has alcanzado el favor del Señor!

PROVERBIOS 18:22, RVC

Cásense y tengan hijos. Luego encuentren esposos y esposas para ellos para que tengan muchos nietos. ¡Multiplíquense! ¡No disminuyan!

JEREMÍAS 29:6, NTV

Te haré mi esposa para siempre, mostrándote rectitud y justicia, amor inagotable y compasión. Te seré fiel y te haré mía y por fin me conocerás como el Señor.

OSEAS 2:19-20, NTV

(...) pero por causa de la inmoralidad sexual, cada hombre debe tener su propia esposa y cada mujer su propio esposo. El marido debe cumplir el deber conyugal con su esposa, lo mismo que la mujer con su esposo. La esposa ya no tiene poder sobre su propio cuerpo, sino su esposo; y tampoco el esposo tiene poder sobre su propio cuerpo, sino su esposa. No se nieguen el uno al otro, a no ser por algún tiempo de mutuo consentimiento, para dedicarse a la oración. Pero vuelvan luego a juntarse, no sea que Satanás los tiente por no poder dominarse.

1 Corintios 7:2-5, RVC

Así que yo aconsejo a estas viudas jóvenes que vuelvan a casarse, que tengan hijos y que cuiden de sus propios hogares. Entonces el enemigo no podrá decir nada en contra de ellas.

1 Timoteo 5:14, NTV

Así también ustedes, las esposas, respeten a sus esposos, a fin de que los que no creen a la palabra, puedan ser ganados más por la conducta de ustedes que por sus palabras, cuando ellos vean su conducta casta y respetuosa.

1 Pedro 3:1-2, RVC

Y creó Dios al hombre a su imagen, a imagen de Dios lo creó; varón y hembra los creó. Y los bendijo Dios, y les dijo: Fructificad y multiplicaos; llenad la tierra, y sojuzgadla, y señoread en los peces del mar, en las aves de los cielos, y en todas las bestias que se mueven sobre la tierra.

Génesis 1:27-28, RV60

Todos ustedes deben honrar su matrimonio, y ser fieles a sus cónyuges; pero a los libertinos y a los adúlteros los juzgará Dios.

Hebreos 13:4, RVC

Cultiven entre ustedes la mutua sumisión, en el temor de Dios. Ustedes, las casadas, honren a sus propios esposos, como honran al Señor; porque el esposo es cabeza de la mujer, así como Cristo es cabeza de la iglesia, la cual es su cuerpo, y él es su Salvador. Esposos, amen a sus esposas, así como Cristo amó a la iglesia, y se entregó a sí mismo por ella, para santificarla. Él la purificó en el lavamiento del agua por la palabra, a fin de presentársela a sí mismo como una iglesia gloriosa, santa e intachable, sin mancha ni arruga ni nada semejante. Así también los esposos deben amar a sus esposas como a su propio cuerpo. El que ama a su esposa, se ama a sí mismo. Nadie ha odiado jamás a su propio cuerpo, sino que lo sustenta y lo cuida, como lo hace Cristo con la iglesia, porque somos miembros de su cuerpo, de su carne y de sus huesos. Por eso el hombre dejará a su padre y a su madre, y se unirá a su mujer, y los dos serán un solo ser. Grande es este misterio; pero yo digo esto respecto de Cristo y de la iglesia. Por lo demás, cada uno de ustedes ame también a su esposa como a sí mismo; y ustedes, las esposas, honren a sus esposos.

Efesios 5:21-23,25-33, RVC

Vosotros, maridos, igualmente, vivid con ellas sabiamente, dando honor a la mujer como a vaso más frágil, y como a coherederas de la gracia de la vida, para que vuestras oraciones no tengan estorbo.

1 Pedro 3:7, RV60

No se asocien íntimamente con los que son incrédulos. ¿Cómo puede la justicia asociarse con la maldad? ¿Cómo puede la luz vivir con las tinieblas? ¿Qué armonía puede haber entre Cristo y el diablo? ¿Cómo puede un creyente asociarse con un incrédulo? ¿Y qué clase de unión puede haber entre el templo de Dios y los ídolos? Pues nosotros somos el templo del Dios viviente. Como dijo Dios: «Viviré en ellos y caminaré entre ellos. Yo seré su Dios, y ellos serán mi pueblo».

2 Corintios 6:14-16

Si me aman, obedezcan mis mandamientos.

Juan 14:15, RVC

Jesús le respondió: «"Amarás al Señor tu Dios con todo tu corazón, y con toda tu alma, y con toda tu mente". Éste es el primero y más importante mandamiento. Y el segundo es semejante al primero: "Amarás a tu prójimo como a ti mismo"».

Mateo 22:37-39, RVC

Pensemos en maneras de motivarnos unos a otros a realizar actos de amor y buenas acciones.

Hebreos 10:24, NTV

QUÉ PUEDES

hacer para…

Qué puedes hacer para...
HACER BUEN USO DE TU TIEMPO

Enséñanos de tal modo a contar nuestros días, que traigamos al corazón sabiduría.

SALMO 90:12

Y él les respondió: «No les toca a ustedes saber el tiempo ni el momento, que son del dominio del Padre».

HECHOS 1:7, RV60

¿Qué provecho obtiene el que trabaja, de todos sus afanes? Me he dado cuenta de la pesada carga que Dios ha impuesto a los mortales para humillarlos con ella. En su momento, Dios todo lo hizo hermoso, y puso en el corazón de los mortales la noción de la eternidad, aunque éstos no llegan a comprender en su totalidad lo hecho por Dios. Yo sé bien que para los mortales no hay nada mejor que gozar de la vida y de todo lo bueno que ésta ofrece, y sé también que es un don de Dios el que todo hombre coma y beba y disfrute de lo bueno de todos sus afanes. También sé que todo lo que Dios ha hecho permanecerá para siempre, sin que nada se le añada ni nada se le quite, y que esto lo hace Dios para que se le guarde reverencia.

ECLESIASTÉS 3:9-14, RVC

El que guarda el mandamiento no experimentará mal; y el corazón del sabio discierne el tiempo y el juicio. Porque para todo lo que quisieres hay tiempo y juicio; porque el mal del hombre es grande sobre él; pues no sabe lo que ha de ser; y el cuándo haya de ser, ¿quién se lo enseñará?

ECLESIASTÉS 8:5-7, RV60

Para aprender, hay que amar la disciplina; es tonto despreciar la corrección.

PROVERBIOS 12:1, NTV

El que anda con sabios, sabio será; mas el que se junta con necios será quebrantado.

PROVERBIOS 13:20, RVC

Un amigo es siempre leal, y un hermano nace para ayudar en tiempo de necesidad. Los hijos necios traen dolor a su padre y amargura a la que los dio a luz.

PROVERBIOS 17:17, NTV

La mano negligente empobrece; mas la mano de los diligentes enriquece. El que recoge en el verano es hombre entendido; el que duerme en el tiempo de la siega es hijo que avergüenza.

PROVERBIOS 10:4-5, RV60

Los diligentes dominan a otros; los negligentes son dominados.

PROVERBIOS 12:24, RVC

Por la pereza se hunde el techo; por el ocio gotea la casa.

Eclesiastés 10:18, NTV

Manzana de oro con figuras de plata es la palabra dicha como conviene.

Proverbios 25:11, RV60

Hijo mío, presta atención a mis palabras; inclina tu oído para escuchar mis razones. No las pierdas de vista; guárdalas en lo más profundo de tu corazón. Ellas son vida para quienes las hallan; son la medicina para todo su cuerpo. Cuida tu corazón más que otra cosa, porque él es la fuente de la vida. Aparta de tu boca las palabras perversas; aleja de tus labios las palabras inicuas. Dirige la mirada hacia adelante; fíjate en lo que tienes delante de tus ojos. Piensa qué camino vas a seguir, y plántate firme en todos tus caminos.

Proverbios 4:20-26, RVC

Pues el Señor ve con claridad lo que hace el hombre, examina cada senda que toma.

Proverbios 5:21, NTV

Qué puedes hacer para...
AGRADAR A DIOS

Traigan a todo el que me reconoce como su Dios, porque yo los he creado para mi gloria. Fui yo quien los formé. Yo hice a Israel para mí mismo, y algún día me honrará delante del mundo entero.

ISAÍAS 43:7,21, NTV

Pero viene la hora, y ya llegó, cuando los verdaderos adoradores adorarán al Padre en espíritu y en verdad; porque también el Padre busca que lo adoren tales adoradores. Dios es Espíritu; y es necesario que los que lo adoran, lo adoren en espíritu y en verdad.

JUAN 4:23-24, RVC

Cuando las trompetas sonaban, todos cantaban al unísono y alababan y daban gracias al Señor. A medida que alzaban la voz con trompetas y címbalos y otros instrumentos musicales, alababan al Señor y decían: «Ciertamente, él es bueno, y su misericordia es eterna». Entonces el templo, la casa del Señor, se llenó con una nube, y por causa de la nube los sacerdotes no podían estar allí para ministrar, porque la gloria del Señor había llenado el templo de Dios.

2 CRÓNICAS 5:13-14, RVC

(...) vosotros también, como piedras vivas, sed edificados como casa espiritual y sacerdocio santo, para ofrecer sacrificios espirituales aceptables a Dios por medio de Jesucristo. Mas vosotros sois linaje escogido, real sacerdocio, nación santa, pueblo adquirido por Dios, para que anunciéis las virtudes de aquel que os llamó de las tinieblas a su luz admirable.

1 Pedro 2:5,9, RV60

Por lo tanto, ofrezcamos siempre a Dios, por medio de Jesús, un sacrificio de alabanza, es decir, el fruto de labios que confiesen su nombre. No se olviden de hacer bien ni de la ayuda mutua, porque éstos son los sacrificios que agradan a Dios.

Hebreos 13:15-16, RVC

Señor, digno eres de recibir la gloria y la honra y el poder; porque tú creaste todas las cosas, y por tu voluntad existen y fueron creadas.

Apocalipsis 4:11, RV60

Sin fe es imposible agradar a Dios, porque es necesario que el que se acerca a Dios crea que él existe, y que sabe recompensar a quienes lo buscan.

Hebreos 11:6, RVC

La alabanza de Jehová proclamará mi boca; y todos bendigan su santo nombre eternamente y para siempre.

Salmo 145:21, RV60

(...) y de pedir que seáis llenos del conocimiento de su voluntad en toda sabiduría e inteligencia espiritual, para que andéis como es digno del Señor, agradándole en todo, llevando fruto en toda buena obra, y creciendo en el conocimiento de Dios.

COLOSENSES 1:9-10, RV60

Por lo tanto, amados hermanos, les ruego que entreguen su cuerpo a Dios por todo lo que él ha hecho a favor de ustedes. Que sea un sacrificio vivo y santo, la clase de sacrificio que a él le agrada. Esa es la verdadera forma de adorarlo. No imiten las conductas ni las costumbres de este mundo, más bien dejen que Dios los transforme en personas nuevas al cambiarles la manera de pensar. Entonces aprenderán a conocer la voluntad de Dios para ustedes, la cual es buena, agradable y perfecta.

ROMANOS 12:1-2, NTV

Ante todo, exhorto a que se hagan rogativas, oraciones, peticiones y acciones de gracias por todos los hombres. Porque esto es bueno y agradable delante de Dios nuestro Salvador. Por tanto, quiero que los hombres oren en todas partes, y levanten manos santas, sin ira ni contienda.

1 TIMOTEO 2:1,3, 8, RVC

Pero yo daré gracias al Señor una y otra vez, lo alabaré ante todo el mundo.

SALMO 109,30, NTV

¡Vengan todos! ¡Aplaudan! ¡Griten alegres alabanzas a Dios!

Salmo 47:1, NTV

El Señor se complace en los que le honran, y en los que confían en su misericordia.

Salmo 147:11, RVC

¡Canten al Señor un cántico nuevo! ¡Alábenlo en la comunidad de los justos! ¡Que Israel se alegre en su creador! ¡Que los hijos de Sión se regocijen por su Rey! ¡Que dancen en honor a su nombre! ¡Que le canten al son de arpas y panderos! El Señor se complace en su pueblo, y bendice a los humildes con su salvación. ¡Que se alegren sus fieles por su triunfo! ¡Que salten de alegría allí, en su lecho! ¡Que exalten a Dios a voz en cuello!

Salmo 149:1-6, RVC

Los que viven según la carne no pueden agradar a Dios. Pero ustedes no viven según las intenciones de la carne, sino según el Espíritu, si es que el Espíritu de Dios habita en ustedes.

Romanos 8:8-9, RVC

Y recibiremos de él todo lo que le pidamos porque lo obedecemos y hacemos las cosas que le agradan.

1 Juan 3:22, NTV

Si confesamos nuestros pecados, él es fiel y justo para perdonar nuestros pecados, y limpiarnos de toda maldad.

1 Juan 1:9, RV60

No se interesen tanto por la belleza externa: los peinados extravagantes, las joyas costosas o la ropa elegante. En cambio, vístanse con la belleza interior, la que no se desvanece, la belleza de un espíritu tierno y sereno, que es tan precioso a los ojos de Dios.

1 Pedro 3:3-4, NTV

Y Jehová respondió a Samuel: No mires a su parecer, ni a lo grande de su estatura, porque yo lo desecho; porque Jehová no mira lo que mira el hombre; pues el hombre mira lo que está delante de sus ojos, pero Jehová mira el corazón.

1 Samuel 16:7, RV60

Así que, puesto que conocemos el temor del Señor, procuramos convencer a todos. Para Dios es evidente lo que somos; y espero que también lo sea para la conciencia de ustedes. No estamos recomendándonos otra vez a ustedes, sino que les damos la oportunidad de estar orgullosos de nosotros, para que tengan con qué responder a los que presumen de las apariencias y no de lo que hay en el corazón.

2 Corintios 5:11-12, RVC

Qué puedes hacer para...
CRECER EN EL ESPÍRITU

Más bien, crezcan en la gracia y el conocimiento de nuestro Señor y Salvador Jesucristo, a quien sea dada la gloria ahora y hasta el día de la eternidad. Amén.

2 Pedro 3:18, RVC

Como bebés recién nacidos, deseen con ganas la leche espiritual pura para que crezcan a una experiencia plena de la salvación. Pidan a gritos ese alimento nutritivo ahora que han probado la bondad del Señor.

1 Pedro 2:2-3, NTV

Procura con diligencia presentarte a Dios aprobado, como obrero que no tiene de qué avergonzarse, que usa bien la palabra de verdad.

2 Timoteo 2:15, RV60

Presta suma atención a estos asuntos. Entrégate de lleno a tus tareas, para que todos vean cuánto has progresado.

1 Timoteo 4:15, NTV

En vista de todo esto, esfuércense al máximo por responder a las promesas de Dios complementando su fe con una abundante provisión de excelencia moral; la excelencia moral, con conocimiento; el conocimiento, con control propio; el control propio, con perseverancia; la perseverancia, con sumisión a Dios; la sumisión a Dios, con afecto fraternal, y el afecto fraternal, con amor por todos. Cuanto más crezcan de esta manera, más productivos y útiles serán en el conocimiento de nuestro Señor Jesucristo.

2 PEDRO 1:5-8, NTV

Por tanto, dejando ya los rudimentos de la doctrina de Cristo, vamos adelante a la perfección; no echando otra vez el fundamento del arrepentimiento de obras muertas, de la fe en Dios.

HEBREOS 6:1, RV60

Por eso yo me arrodillo delante del Padre de nuestro Señor Jesucristo, de quien recibe su nombre toda familia en los cielos y en la tierra, para que por su Espíritu, y conforme a las riquezas de su gloria, los fortalezca interiormente con poder; para que por la fe Cristo habite en sus corazones, y para que, arraigados y cimentados en amor, sean ustedes plenamente capaces de comprender, con todos los santos, cuál es la anchura, la longitud, la profundidad y la altura del amor de Cristo; en fin, que conozcan ese amor, que excede a todo conocimiento, para que sean llenos de toda la plenitud de Dios.

EFESIOS 3:14-19, RVC

Por lo cual también nosotros, desde el día que lo oímos, no cesamos de orar por vosotros, y de pedir que seáis llenos del conocimiento de su voluntad en toda sabiduría e inteligencia espiritual, para que andéis como es digno del Señor, agradándole en todo, llevando fruto en toda buena obra, y creciendo en el conocimiento de Dios, fortalecidos con todo poder, conforme al dominio de su gloria, para que puedan soportarlo todo con mucha paciencia.

COLOSENSES 1:9-11, RV60

Enséñense y aconséjense unos a otros con toda la sabiduría que él da. Canten salmos e himnos y canciones espirituales a Dios con un corazón agradecido.

COLOSENSES 3:16, NTV

Por tanto, nosotros todos, mirando a cara descubierta como en un espejo la gloria del Señor, somos transformados de gloria en gloria en la misma imagen, como por el Espíritu del Señor.

2 CORINTIOS 3:18, RV60

Serán plantados en la casa del Señor, y florecerán en los atrios de nuestro Dios.

SALMO 92:13, RVC

Estoy persuadido de que el que comenzó en ustedes la buena obra, la perfeccionará hasta el día de Jesucristo. Y esto le pido en oración: que el amor de ustedes abunde aún más y más en ciencia y en todo conocimiento, para que aprueben lo mejor, a fin de que sean sinceros e irreprensibles para el día de Cristo.

FILIPENSES 1:6,9-10, RVC

Entonces ya no seremos inmaduros como los niños. No seremos arrastrados de un lado a otro ni empujados por cualquier corriente de nuevas enseñanzas. No nos dejaremos llevar por personas que intenten engañarnos con mentiras tan hábiles que parezcan la verdad. En cambio, hablaremos la verdad con amor y así creceremos en todo sentido hasta parecernos más y más a Cristo, quien es la cabeza de su cuerpo, que es la iglesia. Él hace que todo el cuerpo encaje perfectamente. Y cada parte, al cumplir con su función específica, ayuda a que las demás se desarrollen, y entonces todo el cuerpo crece y está sano y lleno de amor.

Efesios 4:14-16, NTV

Qué puedes hacer para...
SER DE INFLUENCIA EN TU MUNDO

Ustedes son la luz del mundo, como una ciudad en lo alto de una colina que no puede esconderse. Nadie enciende una lámpara y luego la pone debajo de una canasta. En cambio, la coloca en un lugar alto donde ilumina a todos los que están en la casa. De la misma manera, dejen que sus buenas acciones brillen a la vista de todos, para que todos alaben a su Padre celestial.

MATEO 5:14-16, NTV

Los entendidos resplandecerán como el resplandor del firmamento; y los que enseñan la justicia a la multitud, como las estrellas a perpetua eternidad.

DANIEL 12:3, RV60

Entonces les dijo: «Vayan por todo el mundo y prediquen la Buena Noticia a todos. El que crea y sea bautizado será salvo, pero el que se niegue a creer, será condenado. Estas señales milagrosas acompañarán a los que creen: expulsarán demonios en mi nombre y hablarán nuevos idiomas. Podrán tomar serpientes en las manos sin que nada les pase y, si beben algo venenoso, no les hará daño. Pondrán sus manos sobre los enfermos, y ellos sanarán». Cuando el Señor Jesús terminó de hablar con ellos, fue levantado al cielo y se sentó en el lugar de honor, a la derecha de Dios. Y los discípulos fueron por todas partes y predicaron, y el Señor actuaba por medio de ellos confirmando con muchas señales milagrosas lo que decían.

MARCOS 16:15-20, NTV

Pero cuando venga sobre ustedes el Espíritu Santo recibirán poder, y serán mis testigos en Jerusalén, en Judea, en Samaria, y hasta lo último de la tierra.

HECHOS 1:8, RVC

El Espíritu del Señor está sobre mí, porque me ha ungido para llevar la Buena Noticia a los pobres. Me ha enviado a proclamar que los cautivos serán liberados, que los ciegos verán, que los oprimidos serán puestos en libertad, y que ha llegado el tiempo del favor del Señor.

LUCAS 4:18-19, NTV

De cierto, de cierto les digo: El que cree en mí, hará también las obras que yo hago; y aun mayores obras hará, porque yo voy al Padre.

JUAN 14:12, RVC

Un mandamiento nuevo les doy: Que se amen unos a otros. Así como yo los he amado, ámense también ustedes unos a otros. En esto conocerán todos que ustedes son mis discípulos, si se aman unos a otros.

JUAN 13:34-35, RVC

Y estaba allí el pozo de Jacob. Entonces Jesús, cansado del camino, se sentó así junto al pozo. Era como la hora sexta. Jesús le dijo: Ve, llama a tu marido, y ven acá. Respondió la mujer y dijo: No tengo marido. Jesús le dijo: Bien has dicho: No tengo marido. Entonces la mujer dejó su cántaro, y fue a la ciudad, y dijo a los hombres: Venid, ved a un hombre que me ha dicho todo cuanto he hecho. ¿No será éste el Cristo? Entonces salieron de la ciudad, y vinieron a él.

Juan 4:6,16-17,28-30, RV60

Pues éste es el amor a Dios: que obedezcamos sus mandamientos. Y sus mandamientos no son difíciles de cumplir. Porque todo el que ha nacido de Dios vence al mundo. Y ésta es la victoria que ha vencido al mundo: nuestra fe. ¿Quién es el que vence al mundo, sino el que cree que Jesús es el Hijo de Dios?

1 Juan 5:3-5, RVC

Es, pues, la fe la certeza de lo que se espera, la convicción de lo que no se ve. Porque por ella alcanzaron buen testimonio los antiguos. Por la fe entendemos haber sido constituido el universo por la palabra de Dios, de modo que lo que se ve fue hecho de lo que no se veía. ¿Y qué más digo? Porque el tiempo me faltaría contando de Gedeón, de Barac, de Sansón, de Jefté, de David, así como de Samuel y de los profetas; que por fe conquistaron reinos, hicieron justicia, alcanzaron promesas, taparon bocas de leones, apagaron fuegos impetuosos, evitaron filo de espada, sacaron fuerzas de debilidad, se hicieron fuertes en batallas, pusieron en fuga ejércitos extranjeros.

Hebreos 11:1-3,32-34, RV60

Porque de tal manera amó Dios al mundo, que ha dado a su Hijo unigénito, para que todo aquel que en él cree, no se pierda, tenga vida eterna.

Juan 3:16, RV60

Mas el fruto del Espíritu es amor, gozo, paz, paciencia, benignidad, bondad, fe, mansedumbre, templanza; contra tales cosas no hay ley.

Gálatas 5:22-23, RV60

Pues toda la ley puede resumirse en un solo mandato: «Ama a tu prójimo como a ti mismo».

Gálatas 5:14, NTV

No imiten las conductas ni las costumbres de este mundo, más bien dejen que Dios los transforme en personas nuevas al cambiarles la manera de pensar. Entonces aprenderán a conocer la voluntad de Dios para ustedes, la cual es buena, agradable y perfecta.

Romanos 12:2, NTV

Trabajen de buena gana en todo lo que hagan, como si fuera para el Señor y no para la gente. Recuerden que el Señor los recompensará con una herencia y que el Amo a quien sirven es Cristo.

Colosenses 3:23-24, NTV

Pero ustedes no son así porque son un pueblo elegido. Son sacerdotes del Rey, una nación santa, posesión exclusiva de Dios. Por eso pueden mostrar a otros la bondad de Dios, pues él los ha llamado a salir de la oscuridad y entrar en su luz maravillosa. «Antes no tenían identidad como pueblo, ahora son pueblo de Dios. Antes no recibieron misericordia, ahora han recibido la misericordia de Dios». Queridos amigos, ya que son «extranjeros y residentes temporales», les advierto que se alejen de los deseos mundanos, que luchan contra el alma. Procuren llevar una vida ejemplar entre sus vecinos no creyentes. Así, por más que ellos los acusen de actuar mal, verán que ustedes tienen una conducta honorable y le darán honra a Dios cuando él juzgue al mundo.

1 Pedro 2:9-12, NTV

Pero Dios, habiendo pasado por alto los tiempos de esta ignorancia, ahora manda a todos los hombres en todo lugar, que se arrepientan.

Hechos 17:30, RV60

¿Cómo, pues, invocarán a aquel en el cual no han creído? ¿Y cómo creerán en aquel de quien no han oído? ¿Y cómo oirán sin haber quien les predique?

Romanos 10:14, RV60

Este es mi mandamiento: ámense unos a otros de la misma manera en que yo los he amado. No hay un amor más grande que el dar la vida por los amigos.

Juan 15:12-13, NTV

Ninguno puede venir a mí, si el Padre que me envió no le trajere; y yo le resucitaré en el día postrero.

Juan 6:44, RV60

Cuando terminaron de orar, el lugar donde estaban congregados se sacudió, y todos fueron llenos del Espíritu Santo y proclamaban la palabra de Dios sin ningún temor.

Hechos 4:31, RVC

Respondió Jesús y le dijo: Cualquiera que bebiere de esta agua, volverá a tener sed; mas el que bebiere del agua que yo le daré, no tendrá sed jamás; sino que el agua que yo le daré será en él una fuente de agua que salte para vida eterna.

Juan 4:13-14, RV60

Qué puedes hacer para...
CONTAR TUS BENDICIONES

Ustedes son los hijos de esos profetas y están incluidos en el pacto que Dios les prometió a sus antepasados. Pues Dios le dijo a Abraham: «Todas las familias de la tierra serán bendecidas por medio de tus descendientes».

HECHOS 3:25, NTV

Pues la Escritura dice: Todo aquel que en él creyere, no será avergonzado. Porque no hay diferencia entre judío y griego, pues el mismo que es Señor de todos, es rico para con todos los que le invocan; porque todo aquel que invocare el nombre del Señor, será salvo.

ROMANOS 10:11-13, RV60

Pues, les cuento, los creyentes de Macedonia y Acaya con entusiasmo juntaron una ofrenda para los creyentes de Jerusalén que son pobres. Lo hicieron con gusto porque se sienten en deuda con ellos. Dado que los gentiles recibieron las bendiciones espirituales de la Buena Noticia por parte de los creyentes de Jerusalén, sienten que lo menos que pueden hacer por ellos a cambio es ayudarlos económicamente.

ROMANOS 15:26-27, NTV

Y le presentaban niños para que los tocase; y los discípulos reprendían a los que los presentaban. Viéndolo Jesús, se indignó, y les dijo: Dejad a los niños venir a mí, y no se lo impidáis; porque de los tales es el reino de Dios. De cierto os digo, que el que no reciba el reino de Dios como un niño, no entrará en él. Y tomándolos en los brazos, poniendo las manos sobre ellos, los bendecía.

MARCOS 10:13-16, RV60

De su abundancia, todos hemos recibido una bendición inmerecida tras otra. Pues la ley fue dada por medio de Moisés, pero el amor inagotable de Dios y su fidelidad vinieron por medio de Jesucristo.

JUAN 1:16-17, NTV

Alabad a Jehová, porque él es bueno, porque para siempre es su misericordia.

SALMO 136:1, RV60

Toda buena dádiva y todo don perfecto descienden de lo alto, del Padre de las luces, en quien no hay cambio ni sombra de variación. Él, por su propia voluntad, nos hizo nacer por medio de la palabra de verdad, para que seamos los primeros frutos de su creación.

SANTIAGO 1:17-18, RVC

Lo más importante de todo es que sigan demostrando profundo amor unos a otros, porque el amor cubre gran cantidad de pecados.

1 PEDRO 4:8, NTV

Bendito sea el Dios y Padre de nuestro Señor Jesucristo, que nos bendijo con toda bendición espiritual en los lugares celestiales en Cristo, según nos escogió en él antes de la fundación del mundo, para que fuésemos santos y sin mancha delante de él.

Efesios 1:3-4, RV60

De ti proceden las riquezas y la gloria. Tú dominas sobre todo. En tu mano están la fuerza y el poder, y en tu mano también está el engrandecer y el dar poder a todos. Por eso ahora, Dios nuestro, alabamos y loamos tu glorioso nombre.

1 Crónicas 29:12-13, RVC

Cuando hayas comido hasta quedar satisfecho, asegúrate de alabar al Señor tu Dios por la buena tierra que te ha dado.

Deuteronomio 8:10, NTV

¡Demos gracias a Dios por su don inefable!

2 Corintios 9:15, RVC

Ábranme las puertas por donde entran los justos, y entraré y daré gracias al Señor. Estas puertas conducen a la presencia del Señor y los justos entran allí. Te doy gracias por contestar mi oración, ¡y por darme la victoria!

Salmo 118:19-21, NTV

Y el pueblo subió del Jordán el día diez del mes primero, y acamparon en Gilgal, al lado oriental de Jericó. Y Josué erigió en Gilgal las doce piedras que habían traído del Jordán. Y habló a los hijos de Israel, diciendo: Cuando mañana preguntaren vuestros hijos a sus padres, y dijeren: ¿Qué significan estas piedras? Declararéis a vuestros hijos, diciendo: Israel pasó en seco por este Jordán. Porque Jehová vuestro Dios secó las aguas del Jordán delante de vosotros, hasta que habíais pasado, a la manera que Jehová vuestro Dios lo había hecho en el Mar Rojo, el cual secó delante de nosotros hasta que pasamos; para que todos los pueblos de la tierra conozcan que la mano de Jehová es poderosa; para que temáis a Jehová vuestro Dios todos los días.

Josué 4:19-24, RV60

Siempre damos gracias a Dios por todos ustedes y continuamente los tenemos presentes en nuestras oraciones. Al orar a nuestro Dios y Padre por ustedes, pensamos en el fiel trabajo que hacen, las acciones de amor que realizan y la constante esperanza que tienen a causa de nuestro Señor Jesucristo.

1 Tesalonicenses 1:2-3, NTV

(...) dando siempre gracias por todo al Dios y Padre, en el nombre de nuestro Señor Jesucristo.

Efesios 5:20, RV60

EL PLAN

de salvación de Dios

El plan de salvación de Dios

Por tanto, como el pecado entró en el mundo por un hombre, y por el pecado la muerte, así la muerte pasó a todos los hombres, por cuanto todos pecaron.

ROMANOS 5:12, RV60

Pues todos hemos pecado; nadie puede alcanzar la meta gloriosa establecida por Dios. Sin embargo, Dios nos declara justos gratuita y bondadosamente por medio de Cristo Jesús, quien nos liberó del castigo de nuestros pecados. Pues Dios ofreció a Jesús como el sacrificio por el pecado. Las personas son declaradas justas a los ojos de Dios cuando creen que Jesús sacrificó su vida al derramar su sangre.

ROMANOS 3:23-24, NTV

Porque la paga del pecado es muerte, mas la dádiva de Dios es vida eterna en Cristo Jesús Señor nuestro.

ROMANOS 6:23, RV60

Mas Dios muestra su amor para con nosotros, en que siendo aún pecadores, Cristo murió por nosotros.

ROMANOS 5:8, RV60

Además, hermanos, les anuncio el evangelio que les prediqué, que es el mismo que ustedes recibieron y en el cual siguen firmes. Por medio de este evangelio serán salvados, siempre y cuando retengan la palabra que les he predicado. De no ser así, habrán creído en vano. En primer lugar, les he enseñado lo mismo que yo recibí: Que, conforme a las Escrituras, Cristo murió por nuestros pecados; que también, conforme a las Escrituras, fue sepultado y resucitó al tercer día.

1 Corintios 15:1-4, NTV

Porque Dios no envió a su Hijo al mundo para condenar al mundo, sino para que el mundo sea salvo por él.

Juan 3:17, RVC

El que cree en el Hijo tiene vida eterna; pero el que rehúsa creer en el Hijo no verá la vida, sino que la ira de Dios está sobre él.

Juan 3:36, RV60

Mas a todos los que le recibieron, a los que creen en su nombre, les dio potestad de ser hechos hijos de Dios.

Juan 1:12, RV60

Dios los salvó por su gracia cuando creyeron. Ustedes no tienen ningún mérito en eso; es un regalo de Dios. La salvación no es un premio por las cosas buenas que hayamos hecho, así que ninguno de nosotros puede jactarse de ser salvo.

Efesios 2:8-9, NTV

¡Mira! Yo estoy a la puerta y llamo. Si oyes mi voz y abres la puerta, yo entraré y cenaremos juntos como amigos.

APOCALIPSIS 3:20, NTV

Mas ¿qué dice? Cerca de ti está la palabra, en tu boca y en tu corazón. Esta es la palabra de fe que predicamos: que si confesares con tu boca que Jesús es el Señor, y creyeres en tu corazón que Dios le levantó de los muertos, serás salvo. Porque con el corazón se cree para justicia, pero con la boca se confiesa para salvación.

ROMANOS 10:8-10, RV60

A cualquiera, pues, que me confiese delante de los hombres, yo también le confesaré delante de mi Padre que está en los cielos.

MATEO 10:32, RV60

Y este es el testimonio que Dios ha dado: él nos dio vida eterna, y esa vida está en su Hijo. El que tiene al Hijo tiene la vida; el que no tiene al Hijo de Dios no tiene la vida. Les he escrito estas cosas a ustedes, que creen en el nombre del Hijo de Dios, para que sepan que tienen vida eterna.

1 JUAN 5:11-13, NTV